中世武士選書 51

結城宗広・親朝

南北朝争乱に生き残りをかけた雄族の選択

伊藤喜良 著

戎光祥出版

はじめに

奥羽への入り口といえば、白河関（福島県白河市）と勿来関（同いわき市）が有名である。都の人々からみると、この両関の彼方は異国情緒を感じるような地であったと考えられる。

ことに白河関は都の風流人のあこがれの地であった。「都をば霞とともに立ちしかど秋風吹く白河の関」と詠んだのは能因法師であった。彼は二回奥羽を旅しているが、この歌は二十六歳のときに奥羽に下ったときのものである。また晩年になるが、平氏によって焼き討ちされた東大寺（奈良市）の再建のための勧進（寄付集め）のために平泉（岩手県平泉町）に旅している。白河に至った感慨を和歌や句に托した人は能因の他に西行・一遍・宗祇・芭蕉等、多く存在している。

この白河関を含む領域を鎌倉末期頃から領有していたのが白河結城氏であった。ただし、能因法師が下向して歌を詠んだころは平泉藤原氏が管轄していたが、中世という時代において、白河という土地は地政学上きわめて重要な土地であるとも指摘されている。関東と奥羽の境目にあり、両地域を支配するうえで「かなめ」となる地であるとされている。

中世とはどのような時代であったのであろうか。この時代は律令時代と江戸時代の間の時期である。中世は平安時代（ただし、この時代を中世に入れない研究者も存在している）、鎌倉時代、南北朝時代、室町時代、戦国時代等にさらに区分されており、動乱も多く、政権も何度か移動している。しかし経済活動はたいへんに活発であり、対外交流も盛んであった。また、新しい文化も多く発生してきていた。

これから述べようとする白河結城氏は、鎌倉時代の中・末期ころから白河の地に根を張り、戦国大名になっていったのであるが、戦国末期にとうとう潰れてしまう南奥羽の名族である。この白河結城氏について戦国時代まで論じることは、本書では無理であるので、鎌倉末期から、建武政権、南北朝初期の白河氏の動向に的をしぼって論じようと思う。わずか二、三十年間のことであるが、白河結城氏はきわめて注目される豪族であった。

鎌倉幕府が成立して百年ほどたつと、国内のそこかしこに支配秩序のほころびが目立つようになってきて、日本国内に深刻な矛盾がふくらんでいった。悪党（あくとう）というような反体制的な勢力が活躍するようになり、鎌倉幕府の支配は破綻をきたし始めていた。

このようなときに京都の朝廷では、持明院統（じみょういんとう）と大覚寺統（だいかくじとう）が天皇の位をめぐる激しい争いを展開していた。そして大覚寺統から後醍醐天皇（ごだいごてんのう）が登場してくるのである。この天皇は討幕活動を激しく展開し、自分は隠岐に流されながらも、次第に幕府を窮地に追い込んでいった。そしてとうとう幕府を倒して後醍醐天皇を中心とする専制的な建武政権が成立するのである。

鎌倉末期の激しい政治的動きに、白河結城氏は必然的に巻き込まれていく。結城氏は幕府の御家人（ごけにん）

であったことにより、鎌倉方の武将として畿内の反乱勢力を鎮圧するために幕府軍の一員として上洛していくのであるが、結城一族の親光（ちかみつ）らは寝返り、討幕軍の一員として活躍するようになっていく。そして建武政権が成立すると、後醍醐のもっとも信頼の厚い武将となっていった。

　しかし、この新政権もわずか三年足らずで崩壊し、南北朝動乱という時代になっていく。動乱の初期、白河結城氏は南朝方の武将として華々しく活躍するが、当主の宗広（むねひろ）は異郷で病没し、次男親光は京中の合戦で戦死する。残されたのは白河にいた長男親朝（ちかとも）だけであった。彼も南朝をかつぐ武将として旗幟（きし）鮮明であったが、領地の周辺を足利（あしかが）方に囲まれて動けず、ついに幕府に投降するのである。この間、常陸において幕府軍と戦っていた北畠親房（きたばたけちかふさ）は、何度も何度も親朝に常陸への出兵を要請したが、親朝は動かなかった。

　鎌倉幕府の滅亡、建武政権の成立、その崩壊、動乱初期における東国の動き、親房と鎌倉府軍の間で戦われた常陸合戦、その終結という日本の歴史上まれにみる激動の時代を、南奥羽の有力領主であった白河結城氏を通して見てみようとするのが本書の趣旨である。

　本書で登場する主役は結城宗広、その惣領（そうりょう）で長男の親朝、次男の親光である。戦前においては「皇国史観（こうこくしかん）」のもと、宗広と親光は「無類（むるい）の忠臣（ちゅうしん）」として比類なき栄誉を受けたが、親朝は「裏切り者」として罵倒され、両者の評価は天と地ほどの開きがあった。

だが、本書では「忠臣」とか「裏切り者」というような主観的な評価はしない。動乱の中で南奥羽の大地で生きた白河結城氏一族のその時々における「政治判断」と、領主として「生きながらえる」ための行動を客観的にみていこうと思う。

なお、引用史料は特に断らない限り『白河市史』五　古代・中世　資料編2（福島県白河市編集・発行）によった。本書は『白河市史』五の第二編の史料を活用している。その二編の史料は「整理番号、文書名、所蔵者」のように記載されている。それゆえ引用史料の表示は二（二編）―〇〇〇（文書整理番号）とし、多くの文書名と所有者は省略したので、この点については『市史』五を参照されたい。また、史料を「現代語訳」した場所も多い。このことについても、必要とされるならば、『市史』の当該箇所の原文の検討をお願いしたい。

また「白河結城氏」の表記であるが、史料上では「白川」「白河」のどちらも存在している。それゆえ本書では「白河結城氏」で統一した。

二〇二四年二月

伊藤喜良

目次

第一章　歴史の舞台に登場した白河結城氏

一、動乱の幕開け

謀叛を告げる急使

鎌倉幕府が成立して一〇〇年以上も過ぎると、幕府の権力を握り、専制的な支配を推し進めていた北条一族の支配に反抗する動きが全国各地にみられるようになり、世は騒然とした状況になってきた。

一四世紀になると、諸国に悪党と呼ばれる反体制的な勢力が大きな力を持つようになり、諸国の守護も手を焼くような状況が続いていた。また、経済発展や銭の流通が増大したことにより、所領や土地等の流動化が進み、御家人らの中には所領を手放すものも多くなり、彼らは大きな不満を幕府に抱くようになった。このため、幕府権力の根幹である御家人制度も解体の危機に瀕しており、御内人と呼ばれる得宗（北条氏の家督を掌握した人物）の家来が幕府の実権を握るようになっていた。まさに鎌倉幕府の支配秩序が動揺し、世の中が大きな転換期を迎えようとしていたのである。

さまざまな矛盾が噴出している状況の中で登場してきたのが、北条氏の最後の得宗である北条高時

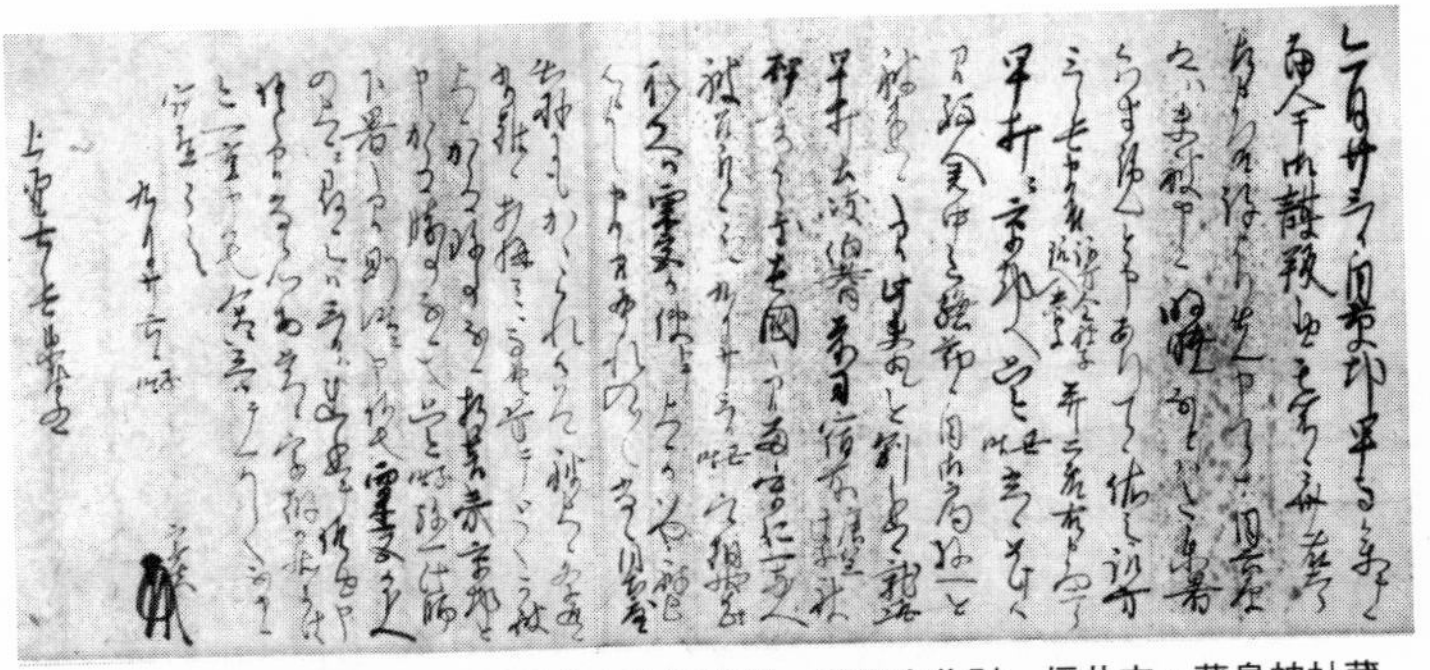

（正中元年）９月26日付け結城宗広自筆書状　重要文化財　福井市・藤島神社蔵

と、大覚寺統出身の後醍醐天皇であった。

このような中で、大きな事件が起こった。鎌倉時代末期の正中元年（一三二四）秋、緊急事態を伝える早馬が白河（福島県白河市）にいた結城宗広のもとに到着した。それは、鎌倉にいた結城一族と思われる定朝なる者が書状で知らせてきた事件であった。そこには、幕府にとっては青天の霹靂であり、鎌倉中が大騒ぎになった事件のことが記されていた。

緊迫した状況を知った結城宗広が、急いで子供の結城親朝に事の次第を知らせたのが、次の書簡である（『白河市史五』第二編一一号文書、以下二―一一というように略す）。

今月廿三日、京都より早馬参りテ候、当今（現天皇のこと）御謀叛の由、其の聞こえに候、斎藤太郎左衛門尉（六波羅探題の奉行人）の許より先ず申して候、六原殿（六波羅探題）よりは未だ申されず候、明暁ほとハ参着せしめ候ハ覧と申しあひて候、之に依り、諏方三郎兵衛尉諏方全禅子諏入養子并びに工藤右衛門二郎早打（急使）ニ京都へ只今丑時立ち候、此の如くに候間、鎌倉中騒動せしめ候、御局（宗広妻）より弥一を進らせられ候の間、子の夫丸を副え進らせ候、此の早打（急使）に就き、土岐伯耆前司（貞兼）宿所唐笠辻子押し寄せられ候の処、在国の間、留守の仁一両人召し取られ候と云々、九月廿三日丑時定朝の状此の如く承り候へハ、粟宮が使いトテ上り候か、ハヤ上られ候よし申し候間、返々悦び入り候へ、尚ゝ目出度く候、出羽にもかゝられ候ハて、上られ候条、返々有り難く候、相構え々々馬共労りテとく（疾）上らるべく候、かかる珍事の義候折節、夷・京都と申し、かかる勝事（奇怪なこと）の義候也、只今子時弥一法師下著の間、即時に申し候也、粟宮か下人の上り候に尋ね候へハ、三日ハ連れだっテ候由申し候の間、尚々心安く覚え候、宗朝か状には今一重申し候也、余りに忩ぎ候テ、くハしく申さず候、穴賢々々

九月廿六日子時　　宗広（花押）

上野七郎兵衛尉殿

（原仮名交じり文の和様漢文）

いわゆる「正中の変」と呼ばれる事件が起こったことについて、鎌倉幕府の驚愕の様子を伝える史料として有名なものである。この事件は幕府にとっては寝耳に水の緊急事態であり、天皇が鎌倉幕府に対して反旗を翻すなどということは考えてもいなかった。当時、京都において幕府の風下に置か

れていた朝廷側では、皇統が持明院統と大覚寺統に分裂しており、皇位をめぐって激しく争っていた。朝廷内部の暗闘・内紛を幕府はむしろ鎮めようとしてさまざまな調停を行っていたので、刃が自分のほうに向けられるとは夢にも思っていなかったのである。

鎌倉市街（空撮）　鎌倉は三方を山で囲まれ南は海に面する要害の地。そのため全域を総称して鎌倉城とする議論もある　写真提供：鎌倉市まちづくり計画部都市計画課

上掲した宗広書状は鎌倉の混乱した状況について書かれたものであり、文中には緊張感が溢れているが、かなり急いで書き上げたようで、後半部分の字体は簡略化されており難解である。宗広のもとに届いた定朝の書状の内容はあらまし理解できるが、それにもとづいて宗広が子息の親朝に出した伝言や指示等がわかりにくくなっている。まず、文中に登場する人物はどこにいて、どのように対処したかという点からみていこう。

定朝が鎌倉にいたことは疑いない。鎌倉にいたからこそ、鎌倉の騒動を宗広に伝えてきたのである。そして御局（宗広妻）も従者の弥一を宗広のもとに遣わしたと言い、さらに自分の従者である弥一の子の夫丸（人夫、下人）をそれに副え

結城宗広像　福島県白河市・関川寺蔵
写真提供：白河市文化財課

たというのである。定朝も御局も鎌倉にいたことは確かである。では、宗広はどこにいたのであろうか。定朝の書状は二十三日丑時（午前二時から四時頃）に鎌倉から発せられており、宗広が受け取ったのは二十六日子時（午後十一時から午前一時頃）なので、本領である白河にいたのであろう。

問題は親朝の所在である。宗広はどこかにいる親朝に緊急事態を伝えたのであるが、それはどこであろうか。難解な後半部分からその手掛りを求めると、「出羽」「夷」「京都」という地名が書かれていることである。この地名から推測すると、定朝の書状が到着後、宗広が鎌倉の状況を知ったのち、親朝の従者と思われる粟宮の使いが白河に上ってきて、親朝も白河に早急に上ってくると申したという。それで宗広が喜んでいる状況を記した中で、「出羽にもかゝられ候ハて」とあって出羽にも寄らないと解釈できるので、同氏の所領であった津軽田舎郡内河辺郷（青森県田舎郡田舎村）等を立ち、出羽国余部内・同国狩河郷（両地とも山形県東田川郡）にも立ち寄らず、親朝が馬を労わって急いで白河に帰る途上であると認識している。そして、夷（奥羽北部）にも京都にも驚くべき奇怪なこと（勝事）が起こっているといっているのである。

京都の「勝事」とはすでに述べているように「正中の変」であるが、夷の「勝事（奇怪なこと）」とは何かといえば、蝦夷管領安藤氏の内紛から始まった「蝦夷の蜂起」のことである。『保暦間記』という史書によれば、

> 元亨二年の春奥州に安藤五郎三郎同又太郎と云者あり、彼らが祖先安藤五郎と云者、東夷の堅めに（北条）義時が代官として津軽に起きたりける末也、此両人相論する事あり、高資数々賄賂を両方より取りて、両方へ下知をなす、彼らが方人の蝦夷合戦をす、是より打手を度々下す、多くの軍勢亡ひけれども、年を重て事行ぬ

と記している。蝦夷管領は『保暦間記』が述べているように、幕府の蝦夷地支配の支柱であった。その管領職をめぐって、元応二年（一三二〇）前後から内紛が起こってきたのである（『北条九代記』等）。五郎三郎季久と又太郎季長の争いである。両者ともに内管領長崎高資に賄賂を贈ったことで、混乱にさらに拍車をかけたという。合戦が始まり収拾がつかなくなったことで、幕府は意を決して季久を管領としたのだが、季長は納得せず幕府に激しく抵抗したのであった。「正中の変」の四か月前頃、北条高時邸において合戦の終息を願い「蝦夷調伏」の祈祷が行われている（「鶴岡社務記録」）。このような状況により、蝦夷平定のための幕府軍が津軽に下された。

白河結城氏系図

※白河教育委員会『白河城跡』第１章より引用、官職等を加筆

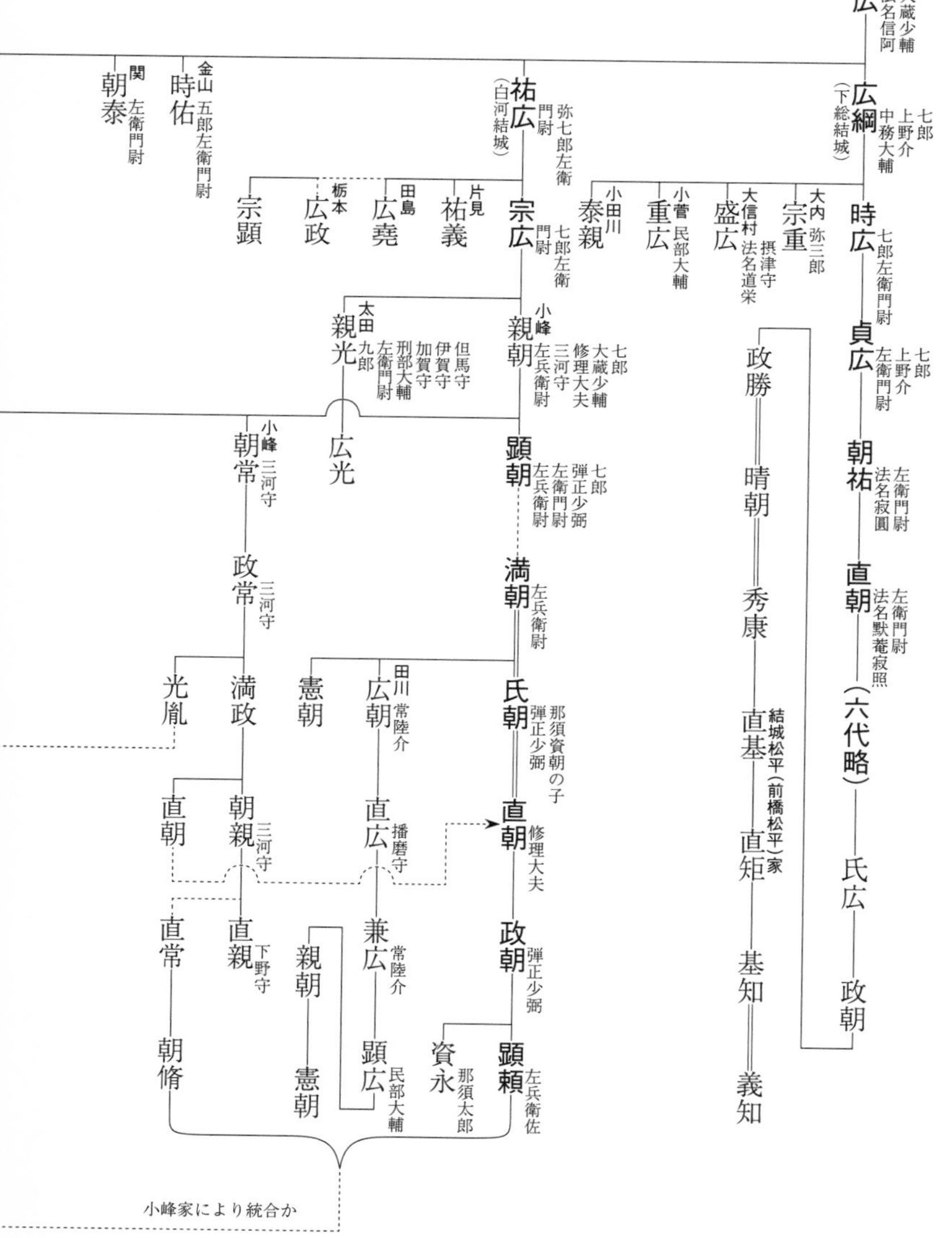

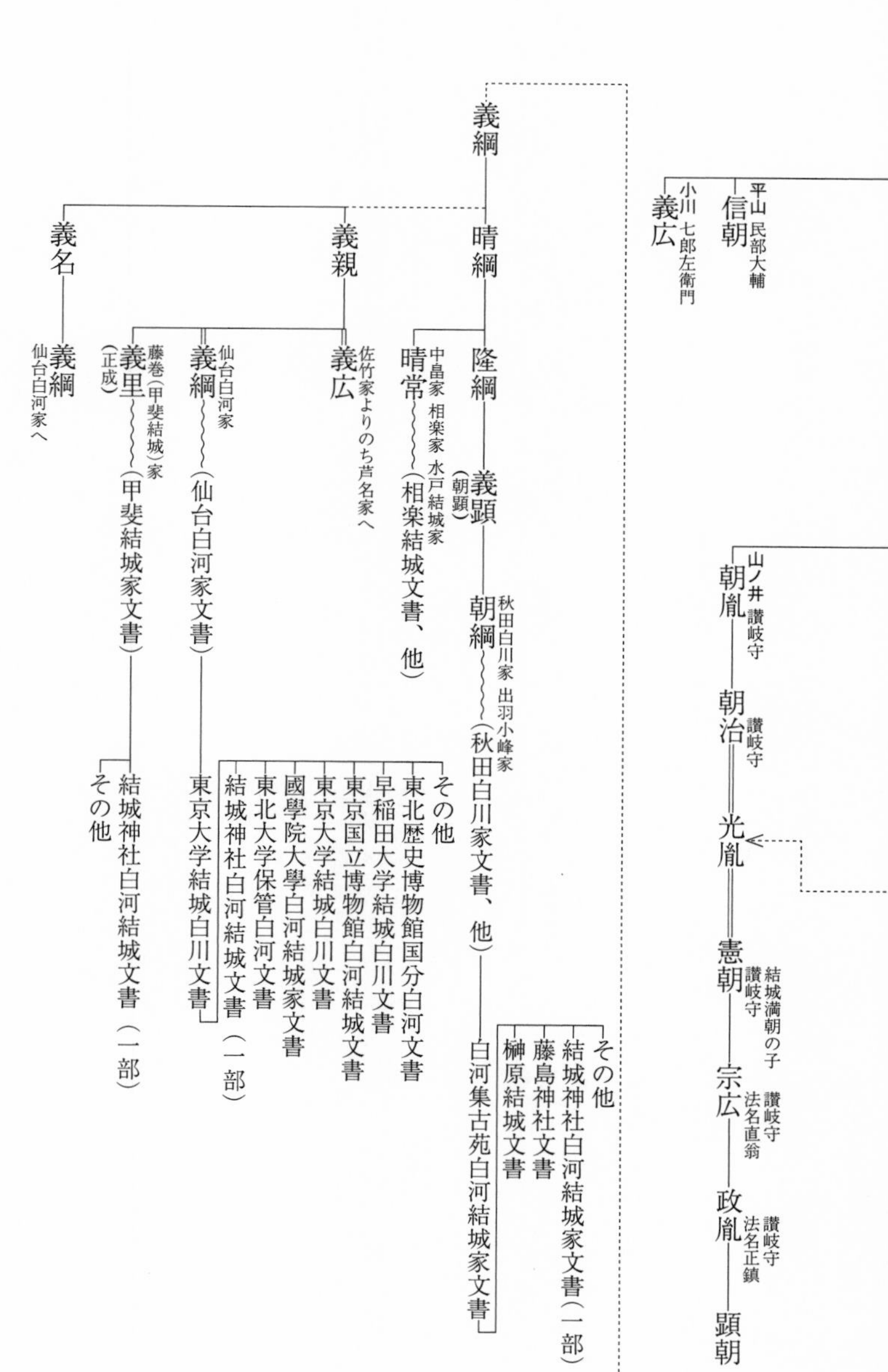

平山 民部大輔
信朝
小川 七郎左衛門
義広
山ノ井 讃岐守
朝胤
朝治 讃岐守
光胤
憲朝 讃岐守 結城満朝の子
宗広 讃岐守 法名直翁
政胤 讃岐守 法名正鎮
顕朝
義綱
晴綱
隆綱
義顕（朝顕）
朝綱 秋田白川家 出羽小峰家
（秋田白川家文書、他）
白河集古苑白河結城家文書
その他
結城神社白河結城家文書（一部）
藤島神社文書
榊原結城文書
晴常 中畠家 相楽家 水戸結城家
（相楽結城文書、他）
義親
義広 佐竹家よりのち芦名家へ
義綱 仙台白河家
（仙台白河家文書）
東京大学結城白川文書
その他
東北歴史博物館国分白河文書
早稲田大学結城白川文書
東京国立博物館白河結城文書
東京大学結城白川文書
國學院大學白河結城家文書
東北大学保管白河文書
結城神社白河結城文書（一部）
義里（正成） 藤巻（甲斐結城）家
（甲斐結城家文書）
結城神社白河結城文書（一部）
その他
義名
義綱 仙台白河家へ

蝦夷の混乱は長く続き、幕府の命取りの一つであったとも言われている。少し後のことだが、嘉暦二年（一三二七）六月十四日、小田貞宗に関東御教書が発せられているが、そこには「安藤又太郎季長郎従季兼以下、与力悪党誅伐事、不日一族を相催」と津軽への派遣を求められている。北関東や奥羽の御家人たちが平定軍を構成していたようで、このような幕府派遣軍の中に結城親朝がいたのであろう。津軽の内紛がどのようなものであったか判断はできないが、宗広は子息親朝が白河に帰還することを率直に喜んでおり、その帰還途上の親朝に鎌倉の混乱ぶりを伝えたといえよう。

なお、拙著『動乱の中の白河結城氏─宗広・親朝・親光─』では、宗広は鎌倉におり白河の親朝に事変を知らせたとしたが、白河にいたのは宗広であったと思われる。訂正しておきたい。

「天皇謀叛」の顛末

当時の鎌倉幕府は北条高時が得宗であったが、幕府の実権を握っていたのは内管領として得宗に仕えていた長崎高綱（円喜）・高資の父子であった。『保暦間記』によれば、高時について「すこぶる亡気の体にて、将軍家の執権もかないがたかりけり」と記されており、かなり凡庸な武将であったと思われる。正和五年（一三一六）、高時は十六歳で執権に就任したが、内管領らの専横は極まっており、鎌倉幕府の支配体制は大きく緩んできて、御家人も幕府から離れていき、幕府支配の根幹が解体して

北条高時画像　東京大学史料編纂所蔵模写

後醍醐天皇画像　東京大学史料編纂所蔵模写

いった。各地で悪党や海賊の跳梁（ちょうりょう）が激しく、禁圧令を出したり使節を下したりしたが、その活動は一向に止まず、ますます激しさを加えていくばかりであった。前述のように、蝦夷においても安藤氏の内紛や悪党の蜂起が見られ、全国は混乱の様相が深まっていった。そして、これらの動きは幕府内部の内紛につながっていくのである。

高時が執権となったのと同じ頃に即位したのが、後醍醐天皇であった。文保二年（一三一八）、三十一歳という当時においては異例な高齢で即位したのだが、後醍醐の即位は、当時の即位の慣例やルールからいうとリリーフ・ピッチャーのようなものであった。後醍醐は大覚寺統に属していたが、彼はその傍流であった。正当な継承者である本流の兄、後二条天皇が二十四歳という若さで死去してしまったから、その後に即位したのである。

大覚寺統は後二条の皇子である邦良親王（くによししんのう）が成長したなら

- 後嵯峨
  - 宗尊
    - 惟康
  - 後深草（持明院統）
    - 伏見（煕仁）
      - 後伏見（胤仁）
        - 光厳（北朝1）
        - 光明（北朝2）
      - 花園（富仁）
    - 久明
      - 守邦
  - 亀山（大覚寺統）
    - 後宇多（世仁）
      - 後二条（邦治）
        - 邦良親王（木寺宮）
        - 邦省親王
      - 後醍醐（南朝1）（尊治）
        - 尊良親王
        - 世良親王
        - 護良親王（大塔宮）
        - 恒良親王
        - 成良親王
        - 後村上（南朝2）
          - 長慶（南朝3）
          - 後亀山（南朝4）
    - 恒明親王

大覚寺統・持明院統系図　数字は南北朝両朝の即位順

ば、彼に皇統を継がせようとする意向であったので、後醍醐の天皇としての地位は邦良が成長するまでの暫定的なものであった。後醍醐が天皇となると父親の後宇多上皇が院政を始めたが、上皇は真言密教にのめり込み、政務を見ることが疎ましくなったのであろうか、院政を止めてしまい、政務を後醍醐に譲り、後醍醐天皇の親政となったのである。

後醍醐は君臣の守るべき道義等を重んじる宋学を深く学んでいたが、記録所を中心として親政を始めてみると、自分の理想とするものとは異なる現実がそこにはあったのである。朝廷側は完全に幕府の風下に立ち、全国の支配は完全に幕府に牛耳られていた。このような中、燎原の炎のごとく各地で紛争が起こり、反幕府の蜂起がみられるようになっていた。

正中元年（一三二四）六月、大覚寺統の正統な後継者である邦良の祖父後宇多法皇が死去したことにより、皇太子となっていた邦良はさかんに即位の件を幕府に働きかけたのである。このために危機感を持った後醍醐は、九月二十三日、北野の祭が開催される日を期して兵をあげて、六波羅探題を攻め、鎌倉幕府の勢力を逐い、そして畿内近国に命令して味方を募り、東国に討幕軍を発するという計画を立てたという。この企ては無礼講（破礼講とも呼んでいる）と称する会合で練られたものであるという。この会合を『太平記』（巻第一）は次のように叙述している。

> その遊宴の様子は見聞く人々を大変に驚かせた。献杯の順序は身分の上下を無視して、男は烏帽子を脱いで髻をむき出しにして、僧侶は黒衣を着ないで下着の白衣になった。年が十七、八歳くらいの見た目が優れる女性で、肌が特に清らかなもの二十数人に絹で織った薄いひとえの依ばかりを着せて酌を取らせた。そのため、雪のような肌がすきとおって、太液（宮中の池）の芙蓉（蓮の花）が新しく咲きだしたような美しさである。山海の珍味や美酒を泉のごとく溢れさせ、遊び戯れ、舞い歌ったのである。そしてその間、ただ東夷（鎌倉幕府）を滅ぼすべき手だてを考えることをもっぱらに行った（現代語訳）。

このような宴会に参加していたのは、大納言・中納言らの上流公家から僧侶まで多彩な顔ぶれだったと述べられており、衣冠を付けずに裸同然の姿態で美女を傍らに侍らせて、討幕の陰謀を練ったというのである。前天皇である花園上皇は、日野俊基・日野資朝らが裸形で乱痴気騒ぎを演じているという噂を聞いて、驚きをもって日記に記載している。

しかし、この計画は事前に六波羅探題に知られるところとなった。計画に加わった多治見国長・土岐頼員等は討たれ、日野資朝・日野俊基らは六波羅に捕らえられたのである。この事件を現代では「正中の変」と呼んでいる。後醍醐がいつごろから討幕の決意を固めていたのか定かではないが、かなり早くから心に秘めていたと考えられる。

というのは、この事件は無礼講に参加していたような公家を中心とする少数の人物が企てたとされてきたが、実は、かなり以前から周到に準備された計画と考えられるようになってきているからである。鎌倉末期の六波羅探題引付頭人で、評定衆であった伊賀兼光をひそかに密謀の中に引き込んでいたからである。後醍醐天皇の顔は、有能な策謀家の顔でもあった。彼は、かなり早くから討幕の準備をしていたのではないかと推測されるのである。

いずれにしても後醍醐の「謀叛」の企ては失敗した。この事件についての報告が京都から即座に鎌倉に伝わり、鎌倉にいた白河結城氏の関係者がすぐさま白河の宗広のもとに早馬を飛ばした。その報告を得た宗広は、さらに北奥の親朝にそれを伝えたといえる。結城一族が行ったこのような行動は、関東・奥羽の武士団内部でも同様に行われたと思われるのである。

この事件について、後醍醐天皇は弁明書を幕府に送った。その弁明書は花園上皇の日記（元亨四年〈一三二四〉十一月十四日条）によると、「関東は戎夷なり、天下管領しかるべからず、率土の民皆重恩を荷う、聖主の謀叛と称すべからず、ただし、陰謀の輩あらば、法に任せ尋ね沙汰すべきの由これを載せらる、多く本文を引かる、その文体宋朝の文章のごとし（原和様漢文）」と記しており、非常に「珍奇」なものであったという。花園上皇はこの弁明書は信用しがたいとしながらも、もし事実ならば後醍醐は「狂人」であると嘆いているのである。

後醍醐は辛くも責任を逃れたが、畿内の各地では反幕府の動きが激しく噴き出してきた。そして次第に全国各地に広がり、奥羽地方においても例外ではなく矛盾が激化し、安藤氏の内紛も相互に「悪党」を動員して激しさを増していった。いよいよ鎌倉の陥落に至る「元弘の動乱」となっていくのである。

南奥羽の相論・混乱と結城宗広

奥羽の地における争いや混乱は北奥羽だけではなかった。南奥羽でも矛盾が深まっていた。鎌倉末期のいわき地方においても好島荘（福島県いわき市）でこのような争いが典型的にみられる。弘安元年（一二七八）、伊賀光泰代官の光弘と好島地頭である好島盛隆との年貢運上の人夫役の争いから始まって、徳治二年（一三〇七）には、預所伊賀頼泰と東目村地頭岩城隆衡とが年貢収納で争っている。さらに岩城隆衡は、伊賀盛光に嘉暦三年（一三二八）、年貢未進で幕府に訴えられている。幕府の呼び出しに応じなかった隆衡に対し、幕府は結城宗広に命じて「隆衡がすぐに参上すべき」とし、その請文（請文とは上位者の命令に対して答申した文書のこと）を取らせている。また同年、伊賀盛光は田富村（いわき市田戸）の地頭である田富三郎らを八幡宮造営役の対捍（納入拒否）で訴えている。さらに盛光の代官である正法は、次の年、惣検注の件で好島泰行を幕府に訴えている。

東荘においても、そのころ僧の行勝と大須賀宗常との間で供僧職をめぐって争いがあり、荒野所当をめぐって相論があったことが知られている。また、好島山をめぐって預所の伊賀氏と西荘地頭の岩城氏との間に山相論があり伊賀氏が勝利したが、幕府は結城宗広（白河荘南方地頭）と菊田荘（いわき市）の地頭である小山出羽入道に両使として伊賀氏に沙汰するように命じている。

このような相論が多発している海道地域（現、福島県浜通り）で起こった有名な争いが、相馬氏と長崎思元の相論である。長崎思元は当時、最大の実力者で内管領であった長崎円喜の一族で、政界に大きな勢力を持っていた。元亨元年（一三二一）、相馬重胤が行方郡高村の所領三分の一を長崎思元に奪われたといって幕府に訴えたのである。これ以前、相馬一族の五郎左衛門尉師胤が何らかの罪を受けて所領の三分の一を没収され、その所領が長崎思元に与えられることになったのである。ところが、トラブルが起こった。現地で所領を引き渡す両使となったのが、結城宗広と岩城二郎（岩城郡の地頭か）であった。彼らは本来、引き渡す所領三分の一に加え、重胤の所領である行方郡高村の所領田在家（ざいけ）三分の一をも付けて引き渡してしまった（もしかしたら、長崎氏との関係で意図的だったのかもしれない）。これを相馬重胤が思元の「所領押領（おうりょう）」として幕府に訴えたのに対し、思元側も重胤を反対に訴えて訴訟合戦となったのである（判決は不明）。

さて、ここで注目したいのは南奥羽における結城宗広の位置である。紛争地の幕府側使者として、かなり活躍しているような状況が見て取れるのである。白河の結城氏は、鎌倉幕府の有力御家人

（「鎌倉中」）御家人）として、幕府支配の安定化のために白河荘近辺で活動しているようなのである。このような宗広の位置づけから、多くの時期、白河にいたものと考えられ、「正中の変」についてもいち早く情報を掴んでいたようだ。そして、その後も多くの時期を白河荘で過ごしていたのだろう。

大乱への道程

南奥羽の動きの検討から、後醍醐の密謀・討幕の企てに再度目を移そう。「正中の変」は失敗して、その企画に参加した者の多くが殺害されたり囚われたりしたが、後醍醐はうまく立ち回り、その責任を厳しく追及されるということはなかった。幕府側の対応の甘さによるのか、自身の強固な信念によ

るのか、討幕の陰謀の失敗後も反省もなく密かに「関東調伏」の企てが続けられていた。

嘉暦元年（一三二六）頃から、後醍醐天皇の中宮禧子の御産の御祈祷が行われ始めた。『増鏡』によれば、さまざまなお祈りが三十か月も続いたが、まったくその効果はなかったという。『増鏡』の記述は他の多くの史料からも確認することができる。このような祈祷は「関東調伏」のためのものという噂もたって、後醍醐は鎌倉に使者を出してこの行為を弁明している。だが、このような懐妊のためとする祈祷は元徳元年（一三二九）頃にも続いており、四年間にわたって怪しげな懐妊祈祷が続いていたのである。これは間違いなく「関東調伏」のものであったといわれている。

『太平記』（巻第二）にも、これに関わるような記述が存在している。ただし、これらのお祈りを行ったのは大塔宮（護良親王）や、天皇の近くに仕えていた法勝寺の円観、小野の文観、南都の僧侶等であるという。

元弘元年（元徳三、一三三一）の前から、畿内は動乱の嵐が吹き荒れ始めていた。「天皇御謀叛」が再発したのである。元弘元年四月二十九日、鎌倉に一通の密書が届いた。それは後醍醐天皇の討幕計画を伝えるもので、その密書の送り主は天皇側近の公卿である吉田定房であった。幕府を驚かせたこの密書には、天皇が世を混乱させようとしていること、日野俊基がこの企ての中心人物であること、さらに文観・円観らが関東調伏の祈祷を行っていることなどが認められていた。定房は後醍醐の討幕計画に不安を感じていたのであり、謀叛の計画が明らかになる前に鎌倉に知らせ、その責任を天皇側近に押し付けることで後醍醐天皇を救おうとしたといわれている。

文観は律宗の僧侶であり、播磨国法華山一乗寺の出身で醍醐寺三宝院の法流につながり、師の道順が大覚寺統と強く結びついていた。このような関係から、文観はいつのころからか後醍醐の信任を得るようになっていった。文観はしばしば参内して秘法を授けたが、彼の最も得意としていたのは淫猥な妙法をなし、男女の法悦を説く真言密教の一派、立川流の祈祷であった。無礼講も彼あたりが主導したのであろう。

日野俊基の墓　神奈川県鎌倉市

幕府は定房の密告を受けると、すぐに使者を京都に遣わして、日野俊基・文観・円観等を召し取り鎌倉に護送した。佐渡に流されていた日野資朝と俊基は切られ、文観は硫黄島、円観は奥州に流された。しかし、今回も後醍醐の責任は問われなかった。ところが、密告があった三か月後に後醍醐は驚くべき行動に走った。八月二十四日に内裏を抜け出し、笠置寺（京都府笠置町）に籠もったのである。驚いた六波羅探題は、笠置を東西南北から攻め立てたが、落城する以前の九月十一日、楠木正成（くすのきまさしげ）をはじめとする畿内の豪族層が後醍醐支援に立ち上がったとの報を得たのである。この情報に驚いた六波羅は、鎌倉に早馬を立てて援軍を要請したのであった。

幕府はすぐさま北条一族を大将にして討伐軍を編成し、御内人の名だたる武将も続々と上洛していった。『太平記』によれば、総大将に北条一族の大仏貞直（おさらぎさだなお）を任命し、北条一族をはじめとして東国の主だった武将六十三人を畿内に進発させたのである。そこには足利・三浦（みうら）・武田（たけだ）等の豪族が当然含まれていたが、奥羽の武将と思われるものも多かった。それらの人々は、結城上野入道・小山出羽入道・岩城次郎入道・相馬右衛門次郎・南部（なんぶ）三郎次郎・葛西（かさい）三郎兵衛尉・長井（ながい）治部少輔・同備前太郎・同因幡民部大輔入道・岩城弾正左衛門尉高久（たかひさ）・同孫三郎・同彦三郎・伊達（だて）入道・田村（たむら）刑部大輔入道等である。このうち結城上野入道は宗広と思われるが、彼らがすべて上洛したかどうかは確証がない。小山出羽入道も岩城次郎入道も、結城宗広と幕府の両使となって行動していることから、奥羽の幕府支配を支える有力御家人であったことは疑いないであろう。

関東の大軍に囲まれた笠置寺は九月二十八日に陥落して、捕らわれた後醍醐は京都に送られた。今度ばかりは宥免（ゆうめん）ということにはならなかったのである。これ以前の二十日に持明院統の皇太子量仁（かずひと）が践祚（せんそ）して光厳（こうごん）天皇となっていた。後醍醐は隠岐に流罪となり、翌年三月七日、流罪の地に向けて京都を発った。このときの状況は『太平記』に「甲冑をつけて弓矢を携えた武士どもが後醍醐一行の前後左右を囲んで、七条大路(しちじょうおおじ)を西へ、東洞院(ひがしのとういん)を南へ御車を軋(きし)ませて行くと、京中の貴賤、男女は小路に立ちながら、幕府は臣下の身でありながら、天下の主である天皇を流し奉るとは、まったく驚き入った嘆かわしいことである、幕府の運命は今につきるであろうと、憚ることなく言う声が町中に満ちていた」と書かれている。この後、後醍醐は四月二日に隠岐の国分寺(こくぶんじ)（島根県隠岐の島町）に到着し、そこで幽閉生活を送ることになったのである。

しかし、この後醍醐の無謀とも思われた挙兵は畿内各地に大きな衝撃を与え、幕府が倒れる大きな一歩となった。畿内各地は幕府政治の矛盾が渦巻き、このころ討幕を先導する盟主が現れて、討幕の旗を掲げたならば、彼に結集して反幕府・討幕に至る状況が生まれていたのである。

御醍醐天皇の前の天皇である花園上皇は、後醍醐が笠置で挙兵する一年前、皇太子量仁に「皇太子を誡(いまし)むる書」という訓戒文を送ったが、その中で、「現在、人々は太平の世になれており、今だ大乱に及ばない状況であるが、乱に至りそうな兆しが現れて久しい、もし君主が賢くなければ、乱は数年後には起きるであろう」と喝破している。花園の予測は見事に的中したのである。花園は笠置が陥落し、後醍醐が隠岐へ流されたとき、日記に次のように書いている。「王家の恥、何事かこれ如らんや、天下静謐、もっとも喜ぶべしといえども、一朝の恥辱また嘆かざるべからず」。

後醍醐が隠岐に流された後も、諸国は騒然たる状況であった。畿内騒乱の立役者の一人である後醍醐の子の尊雲（そんうん）（護良親王）は吉野（よしの）（奈良県吉野町）に入ったが、そこからしきりに令旨（りょうじ）（皇太子や親王の命令書）を発して反幕府の挙兵を呼びかけたのである。楠木正成は挙兵の拠点であった赤坂城（あかさか）（大阪府千早赤阪村）が落ちると、落ちのびて紀伊・河内・和泉あたりで盛んに活動し、幕府側の勢力を打ち破り天王寺（てんのうじ）（大阪市天王寺区）周辺まで進出してきていた。尊雲や正成等に呼応したのは、畿内の中小国人・悪党・海賊等であった。楠木正成は悪党として知られ、その活動は目を見張るものがあり、また、播磨国の赤松則村（あかまつのりむら）（円心（えんしん））なども反幕府の原動力となった。もはや畿内の状況は、六波羅探題のみでは鎮圧できない状況に至っていたのである。

二、鎌倉幕府の滅亡と白河結城一族

畿内の情勢と決起を促す令旨・綸旨

畿内・西国では日を追って挙兵する者が多くなっていった。元弘二・三年（一三三二・三）頃の畿内のただならぬ状況を見た幕府は、再び動員令を発して畿内に大軍を進め、動揺を抑えようとした。『太平記』によれば、今回も北条一族をはじめとする主だった大名一三二人、都合三十万七千五百余騎であったという。そしてこの軍勢の中には結城七郎左衛門尉、すなわち宗広の次男結城親光が記載されているのである。

大塔宮御陣地　護良親王は吉野で挙兵し、蔵王堂の本堂前広場のこの地に陣を張ったと伝えられている　奈良県吉野町・金峯山寺境内

元弘三年（一三三三）一月末、幕府は河内道・大和道・紀伊道の三方面に軍を分けて反幕府勢力の拠点に向かった。河内道の軍は二月末に正成が立て籠もる赤坂城を攻め落としたが、その支城である千早城（大阪府千早赤阪市）はどうしても攻略することができなかった。また、大和道軍は閏二月初め、吉野の護良親王勢を攻撃して護良を高野山（和歌山県高野町）に逐ったが、鎮圧には至らなかった。幕府軍は正成等を攻めあぐねており、畿内近辺は騒然とした反乱状態に突入していった。そして、このような情勢を転換させる大きな出来事が次々と起こってきた。

幕府軍が吉野や千早城等で反幕府勢と激戦を展開しているころ、乱の主役が踊り出てきたのである。閏二月二十四日、後醍醐は流されていた隠岐を脱出して、伯耆の名和長年を頼った。名和一族は後醍醐を擁立して船上山（鳥取県琴浦町）に立て籠もり、隠岐守護の佐々木氏と合戦に及び彼らを破ったのである。これにより、天下の形勢を見ていた武士の多くが後醍醐のもとに続々と集まってきた。播磨国では後醍醐方となった赤松一族が、三月に入ると摂津の尼崎（兵庫県尼崎市）あたりまで進軍して京都を脅かすようになっていた。

　このような緊迫した情勢の中、護良親王の密書（令旨）が各地の武将のもとに送られたのである。四月二日、結城宗広のもとにも一通の書が届いた（宗広が白河にいたのか、鎌倉にいたのか不明）。それは後醍醐天皇の皇子である大塔宮護良親王からのもので、北条高時を征伐せよとの命（軍勢催促）を記した令旨であった。そこには次のように認められていた。

伊豆国在庁高時法師ら過分の栄耀をほこり、しきりに朝威を軽んぜしめ奉るの条下剋上のいたり、奇怪たる間、征伐を加えらるる所なり、早く一門以下の群（軍）勢をあい催し、すみやかに彼の凶徒らを追討すべし、勧賞においてはよろしく請いによるべし、てえれば大塔宮（護良親王）令旨によって執達くだんのごとし、

（元弘三年）三月十五日　　左少将俊貞在判

結城上野入道（宗広）館

（原漢文・二一一八）

この令旨が書かれたのは、護良が吉野を追われて高野山あたりに逃げ込んだころで、それを四月二日に受け取ったのである。宗広が後になって「さる三月十五日の令旨、四月二日に到来、つつしんで承り候いおわんぬ」と述べているからである。護良はこのころ、東国の武士たちに多くの令旨を発したと思われるが、結城宗広に軍勢催促の令旨を出したのは、もしかしたらこのころ、密かに護良と宗広の子親光との間で接触があったからかもしれない。

さらに、後醍醐天皇からも綸旨（りんじ）（天皇の仰せを受けて奉者・蔵人が出す文書）が届いた。四月一日に発せられたもので、次のような文面であった。

綸旨を被る（こうむ）にいわく、前相模守平高時法師、国家の軌範（きはん）を顧みず、みだりに君臣の礼儀に背き、諸国を掠領（りゃくりょう）し、万民の労苦、僭乱（せんらん）の甚（はなはだ）しき何事かこれにしからんや、すでに朝敵として天罰をのがれず、速やかに軍兵を相率い、凶徒を追討すべし、勲功の賞はよろしく請いによるべし、てえれば天気により状くだんの如し、

元弘三年四月一日　勘解由次官（高倉光守（たかくらみつもり））判

結城上野入道館　（原漢文・二―一九）

このころ、後醍醐天皇はまだ伯耆の船上山にいたのであるが、播磨から京都にかけて幕府軍と後醍醐方は激しい戦闘に入っており、戦いはどちらに転ぶかわからない状況であった。また、この綸旨が

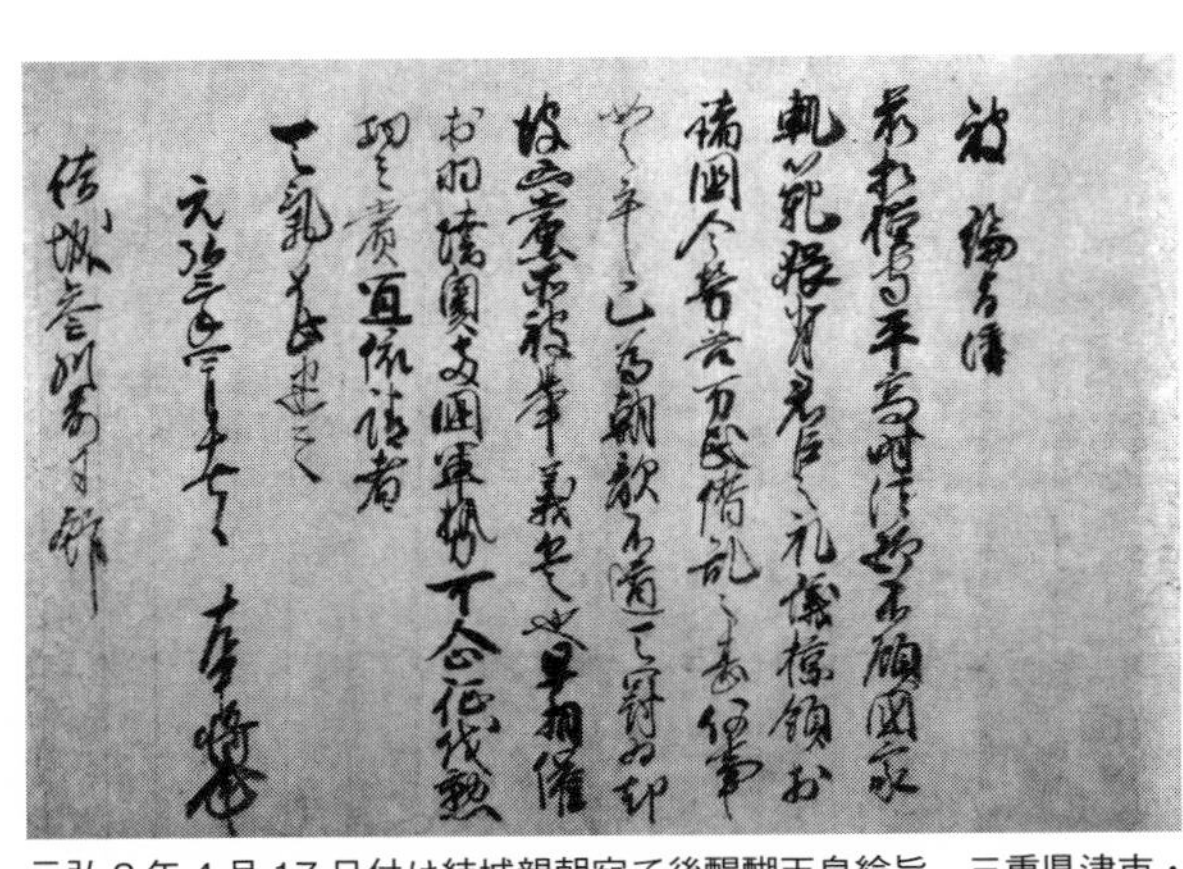

元弘３年４月17日付け結城親朝宛て後醍醐天皇綸旨　三重県津市・結城神社蔵　写真提供：石水博物館

宗広のもとに届くかどうかもわからなかった。綸旨が宗広の手に入ったのは、幕府が滅んだあとの六月三日のことであった。それは、六月三日付の結城宗広請文（案）に「合戦において天皇方として忠勤に励んだ」とする旨を述べた中で、この綸旨について「四月一日綸旨の趣、今月三日ひざまずき拝見候いおわんぬ」と触れられているからである。

四月十七日にも千種忠顕（ちぐさただあき）を奉者（ほうじゃ）とした後醍醐天皇の綸旨が宗広に出され、また同じ日、結城参川前司館宛に後醍醐の綸旨（奉者は千種忠顕）が発せられている。結城参川前司とは結城親朝のことである。これらの綸旨には「かの凶徒をしりぞけんがため、義兵を挙げらるる所なり、早く出羽・陸奥両国の軍勢をあい催し、征伐を企つべし」と書かれていることから、親朝は白河にいるであろうと後醍醐方は推測していたと考えられる。

ところで、次男の親光はどうしていたのであろうか。足利高氏（たかうじ）らが上洛してくる前後の状態を記述した『太平記』の状況説明の中で、結城親光も登場している。「山崎攻めの事付けたり久我縄手合戦の事」（巻第九）の最初の部分において、「両六波羅探題は、たびたびの合戦にうち勝ったので西国の敵は恐ろしくないとあなどっているが、（現実の状況は）主力としてあてにしていた結城九郎左衛門尉（親光）は敵になって、山崎の勢（後醍醐方の赤松軍）に加わっていた。そのほか（関東方）の勢どもは五騎、十騎、あるいは運搬に疲れ果てて国々に帰り、あるいは時の運を見きわめて敵方に寝返ったので、宮方（後醍醐方）は負けても勢いはますます増大し、武家側は勝っているけれども兵は日々に減っていった」と指摘している。親光は早い段階で、後醍醐方に寝返ったようである。親光の行動によるのかどうかわからないが、白河結城氏一族は南奥羽の有力武将として、後醍醐方に寝返りを期待されていたことは誤りない。

足利高氏、軍勢催促状を結城宗広に発する

四月になると、後醍醐方は京都まで侵入するようになってきた。このような事態に対して、六波羅からの援軍を求める矢のような催促にたまらず、幕府は四月上旬に名越高家と足利高氏を討伐軍の大将として急きょ上洛させた。

高氏は三河・上総両国の守護で、下野足利荘（栃木県足利市）をはじめ全国に三十五か所の所領を持ち、

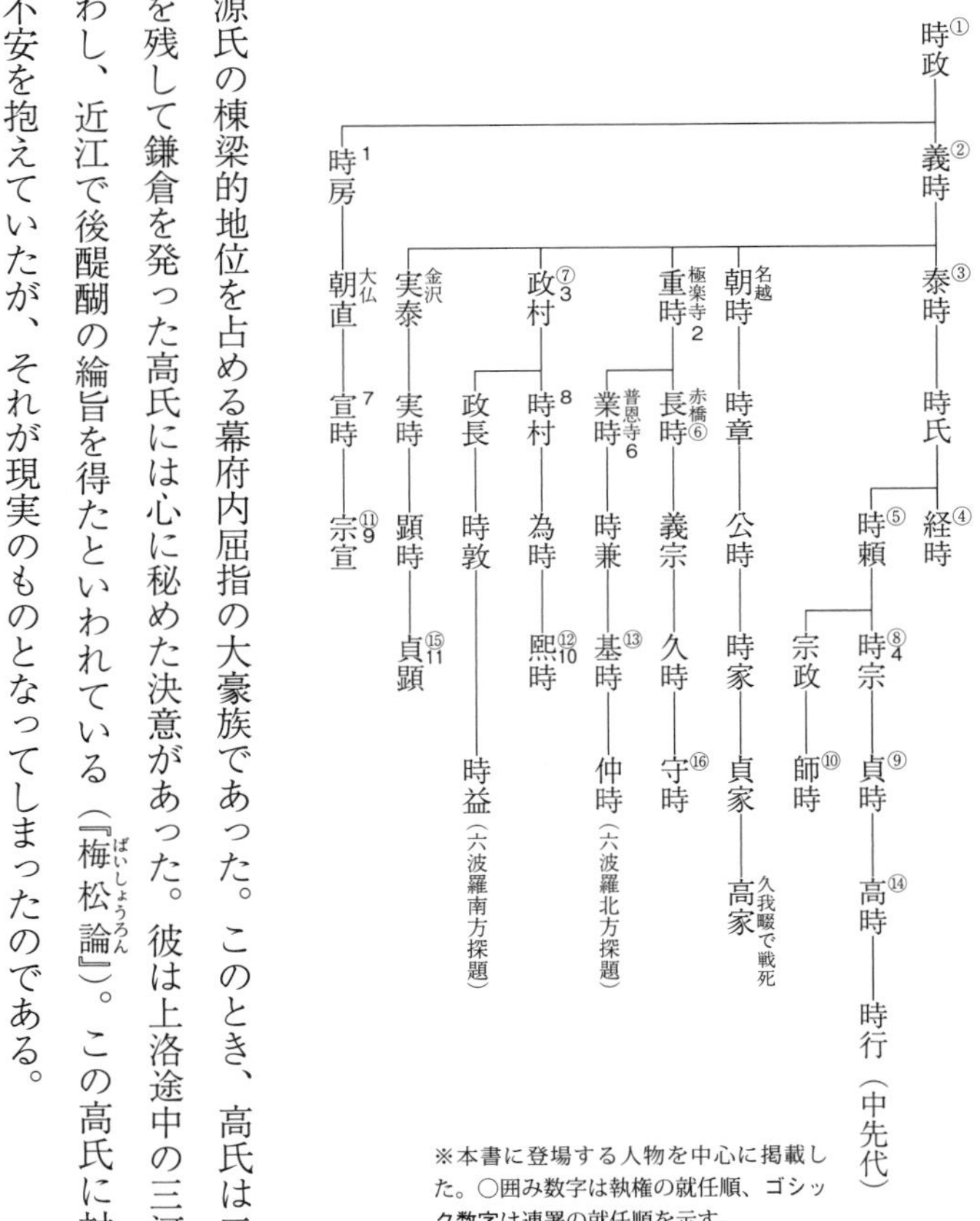

※本書に登場する人物を中心に掲載した。○囲み数字は執権の就任順、ゴシック数字は連署の就任順を示す。

北条氏関係系図

源氏の棟梁的地位を占める幕府内屈指の大豪族であった。このとき、高氏は二十九歳であった。妻子を残して鎌倉を発った高氏には心に秘めた決意があった。彼は上洛途中の三河から使者を船上山に遣わし、近江で後醍醐の綸旨を得たといわれている（『梅松論（ばいしょうろん）』）。この高氏に対して、幕府側も一抹の不安を抱えていたが、それが現実のものとなってしまったのである。

四月十六日に入洛した幕府軍は、休息と軍議のためしばらく洛中に留まり、二十七日から山陽道（さんようどう）を進んで伯耆の船上山を攻める軍勢と、山陰道(さんいんどう)を進む討伐軍の二隊にわかれて京都を出発した。足利高氏は山陰道軍の大将で、船上山攻撃の中心であった。その彼が裏切るのである。

一方、山陽道軍の大将は名越高家であったが、久我畷(なわて)（京都の久我（京都市伏見区）から山崎（京都府大山崎町）に通じる道）あたりで後醍醐方の赤松軍との最初の合戦で矢にあたり、あえなく戦死してしまい全軍が総崩れとなった。高氏はすぐにこの報を受け取ったが、それを無視して（『太平記』には、この間、高氏等は桂川(かつらがわ)のほとりで酒盛りをしていたと記している）丹波路を進み、その日のうちに自分の領地である丹波国篠村(しのむら)（京都府亀岡市）に至った。そして二十九日、高氏は篠村八幡宮に北条氏打倒・討幕の願文(がんもん)を奉納して、この篠村の八幡宮前で公然と幕府に反旗をひるがえしたのである。高氏はこのとき、全国各地の武将に軍勢催促状を発したが、結城宗広宛ての案文（文書の写し）が残されている。それは次のようなものである。

伯耆国より勅命をこうむり候の間、参じ候、合力候らはば、本意に候、恐々謹言

卯月廿七日　　　高氏在判

結城上野入道殿

（原漢文・二一―二二）

この書状が出されたのは高氏が篠村に到着した日であり、そしてこの書状を見たのは「勅命により

合力せしむべきの由の事、卯月廿七の御書、今日つつしんでうけたまわり候いおわんぬ」と六月三日付けの「結城宗広請文案」（二―二四）にあることから、後醍醐の綸旨を受け取ったと同じ六月三日のことであった。なお、高氏の軍勢催促状として現在残されているのは、信濃の小笠原貞宗（おがさわらさだむね）、南九州の島津貞兼（しまづさだかね）等の武将宛のものである。

天皇を奉じて関東へ

高氏は寝返ると、すぐさま反幕府軍として行動を開始したが、彼のもとに結集した軍勢は二万三千騎に達したという。これ以前に、幕府軍の一員となっていた結城親光は反幕府軍の中に身を投じており、六波羅軍と京都近郊で激しい戦闘中であったと思われる。

『太平記』によれば、幕府の山陽軍の大将であった名越高家が戦死した久我畷の戦いにおいて、結城親光は三百余騎を率い、山崎から八幡（やわた）（京都府八幡市）にわたる渡し場辺りの「狐川（きつねかわ）あたり」に向かったという。彼がどのような経緯で後醍醐方に属したのか詳細は不明だが、赤松氏が結城親光を説得して反幕府に走らせたのではないかとの推測もなされている。

五月七日、洛中に進軍してきた足利・赤松を中心とする後醍醐軍と、六波羅軍の死闘、市街戦が展開されることとなった。六波羅軍は軍勢を三手に分け、足利・赤松・千種軍に対応したという。六波羅軍もよく戦ったが、次第に配色が濃厚となり探題内に追い詰められ、洛中に足利軍や赤松軍が溢れるようになっていった。

探題には後伏見・花園の両上皇、光厳天皇、国母（天皇の母）、皇后等が避難してきていた。しかし、もはや六波羅探題のような館では持ちこたえられないと判断した北の探題北条仲時、南の探題北条時益は関東に下ることを決意し、その夜に天皇・上皇等を奉じて六波羅を脱出した。探題の館には火がかけられ、紅蓮の炎を背に関東を目指して落ちていった。だが、落ちていく人々には厳しい現実が待っていた。その先には野伏（野武士）たちが充満し、落人を待ちかまえていたのである。

京都を落ちたその夜、闇夜を近江に向かって進んでいくと、どこからか飛んできた矢が北条時益の首を射抜き、落馬して絶命した。また、光厳天皇の左肱にも流れ矢が当たったのである。夜が明けると、朝霧の中に待ち構えていた野伏たちが攻撃をしてきて馬や物の具（鎧・武器）を奪おうとする。ようやくのこと篠原宿（滋賀県近江八幡市）に着き、そこで一晩を明かしたが、京都を出るときに二千騎ほどいた武士たちも佐々木氏の居城である観音寺城（同近江八幡市・東近江市）で一泊したあとには、わずか七百騎ばかりとなっていた。その多くは勝ち目のない軍から逃げ出したのである。

九日には美濃と近江の国境の番場峠（滋賀県米原市）に至るが、峠の向こうの美濃には数千の野伏が待ち構えていて、とても先に進む見通しは立たなかった。もはやこれまでと判断した北条仲時は、

北条仲時以下 432 名の墓所　仲時は京から鎌倉へと逃走の途中、佐々木道誉らに行く手を阻まれ、この蓮華寺で自害した。住僧の同阿はすべての人を丁重に葬り、その名を「陸波羅南北過去帳」（国指定重要文化財）に書き残した　滋賀県米原市・蓮華寺境内

その地の辻堂（蓮華寺）の庭で鎧を脱ぎ捨て、従ってきた者たちに礼を述べたのち、刀を腹に突き立てて自決した。それに多くの武士たちも、次々と続いて自害したのである。総勢四三二人であったという。

ここまで彼らに従ってきた上皇・天皇は、『太平記』によれば「主上・上皇は、この死人どもの有様をご覧ずるに、肝心も御身もそはずただあきれてぞましましける」と、茫然自失の状態となったのである。光厳天皇・後伏見上皇・花園上皇は後醍醐方に捕らわれ、京都に送還された。六波羅探題が滅んだ報告は、三日後に後醍醐にもたらされた。

結城宗広が幕府を見限る

六波羅の敗残兵が落ちていこうとした東国も、風雲急を告げていた。東国の多くの武将が一族郎党（従者）を率いて上洛し、千早・赤坂攻めに加わっていたが、その中にいた新田義貞は何らかの口実を設け、自分の本拠地である上野国新田荘に帰ってきていた。その事情はよくわからないが、『太平記』の述べるところによれば、千早・赤坂攻めの最中に護良親王と接触して、その令旨を得たからであるとしている。この考えは一つの推測として、人々を納得させるものがある。同じ頃に、結城宗広の許にも護良親王の令旨が届いているからである。護良は東国の諸将に対して幅広く討幕の工作を行っていたのではないかと考えられている。

上野国に帰国した義貞はひそかに反幕府の軍勢を集め、六波羅探題が陥落して、その敗残兵が近江あたりで東国を目指していたころ、上野国

上：結城宗広所用という黒革肩緋糸威大袖　下：結城宗広所用の軍中旗　三重県津市・結城神社蔵　写真提供：石水博物館

で討幕の兵を挙げた。上野国の守護代を破り、五月十五日には利根川を渡って武蔵国に進出し、幕府軍を撃破しながら鎌倉を目指した。この報に接した幕府は驚愕し、急きょ得宗の北条高時の弟泰家を大将にした軍勢を多摩川の分倍河原（東京都府中市）あたりに派遣して、義貞軍に対する防衛体制を敷いた。しかし、北関東・信濃・奥羽諸国の武士によって膨張した反幕府軍には太刀打ちできず、泰家は鎌倉に退却せざるをえなかった。

泰家を追撃して鎌倉を包囲した討幕軍は軍勢を三手に分け、一手は極楽寺の切通しへ、もう一手は巨福呂坂へ進み、さらにもう一手は化粧坂に押し寄せ三方から猛烈に攻撃をしかけた。この鎌倉攻めに結城宗広が加わっていたとみられる（六月三日宗広請文）。令旨や綸旨を受け取った後、宗広は白河の手勢をひきいて鎌倉攻撃にいたったであろうことが六月九日付けの宗広請文によって知ることができる。

すでに述べたように、宗広は義貞の挙兵以前の四月二日に護良親王の令旨を受け取っていた。この令旨がどのような経緯で宗広の手に届いたのか詳細は不明だが、楠木正成等の討伐のために上洛していた次男親光がすでに反幕府方となっていることから、その関係ではないかと推測されている。

鎌倉攻防戦にかかわって、六月九日付けの二通の結城宗広請文が存在している。一通の請文は護良親王の令旨に対する返答で、次のように書かれている（現代語で掲載）。

さる三月十五日付けの令旨が四月二日に到来しましたので、謹んで承りました。一族以下の軍勢を率いて、伊豆国在庁高時法師等の凶徒を誅罰せよとのこと、仰せ下されたとおり、宗広・親朝・親光ならびに舎弟祐義（すけよし）・広堯（ひろたか）等、および熱田（あつた）七郎等は、京都・鎌倉・奥州で随分の軍忠をいたし、すでにかの凶党等を征伐いたしました。これは都鄙（とひ）において比類のない奉公であることは隠れないところです。詳しくは使者の親類である伯耆又七朝保（ともやす）が申し上げます。この趣きをご披露をいたします。宗広恐れ謹んで申し上げます。

元弘三年五（六）月九日　　沙弥道忠（結城宗広）請文　（二―一五）

後醍醐天皇綸旨に対するものもある。なお、後醍醐天皇の綸旨は四月一日付けと四月十七日付けの二通が存在しているが、これは四月十七日付けの綸旨への答申である。

さる四月十七日付けの綸旨を謹んで承りました。陸奥・出羽両国の軍勢を率いて、前相模守平高時法師以下の凶徒を征伐せよとのこと、宗広ならびに一族等は折よくそのときに鎌倉に居ましたので、まず鎌倉において、宗広の舎弟片見（へんみ）彦三郎祐義・同子息二人、田島（たじま）与七左衛門尉広堯・同子息一人、ならびに家人等を率いて、今（前）月十八日より合戦に加わり、毎日毎日交戦し、同月二十二日に鎌倉の凶徒等を追い落としました。（この戦いにおける）我が親類や家人等の軍忠が抜きんでた次第は、上野国新田太郎（義貞）が存じ知っておりますので、注進することになるのではないでしょうか。それは明らかなことですから。

次に、両国（陸奥・出羽）の軍勢を（討幕のために）結集させたことですが、我が子の親朝に殊に忠節を励むようにとの御下知をいただきましたので、ずいぶんそのことで努力しましたということです。このことは直接親朝が請文を差し上げるものと思われます。委細は使者である親類の伯耆又七朝保が申し上げます。この趣きをご披露いたします。宗広恐れ謹んで申し上げます。

元弘三年六月六日　　沙弥道忠（結城宗広）請文　（二―二六）

この二通の請文によって、鎌倉が陥落するときの結城一族の活動を知ることができる。四月二日に護良親王より軍勢催促の令旨を受け取ったが、倒幕の合戦に加わって戦闘に参加したのは五月十八日であることが知られる（「今月」とあるのは「前月」の写し間違いである）。

五月十八日の鎌倉をめぐる状況は、どのような事態になっていたのだろうか。すでに述べたように、分倍河原に派遣されて討幕軍と戦った北条泰家を中心とする幕府軍は大敗を喫し、大将の泰家は十六日に鎌倉に逃げ帰っていた。また、このころには六波羅探題が陥落した報も鎌倉に伝わっていた。そして十七日ころには、下総の千葉（ちば）貞胤（さだたね）や下野の小山氏等の武将が続々と討幕軍に加わり、幕府を見限っていた。このような中で、結城宗広一族も敗色濃厚な北条一族を中心とする幕府から離れ、新田軍に加わっていたのである。

四月二日から五月十八日まで宗広はどうしていたのか、史料がなく詳細は不明である。鎌倉にいた宗広は、密かに届いた護良親王の令旨を胸に抱きながら、急を告げる鎌倉の動きや畿内・西国が激動する状況について、目を凝らして見守っていたと推測される。当然、京都の親光や白河の親朝とは密接に連絡を取り合っていたと考えられる。そして諸情報からして、もはや幕府の滅亡が間違いないという段階にいたって討幕軍に加わったのであろう。

このように、結城一族は討幕において畿内・鎌倉・奥羽を股にかけて目覚ましい行動をとったのであった。確かに、足利高氏や新田義貞に匹敵する比類なき活躍であったといえるのではなかろうか。

鎌倉幕府の滅亡

有力御家人が次々と寝返ったことにより、鎌倉幕府を守る勢力は北条氏一門と内管領長崎氏以下の得宗被官（家臣）のみとなっていた。しかし、彼らも幕府の最後を悟ってはいたが勇猛果敢に戦い、鎌倉市中に討幕軍をなかなか乱入させなかった。鎌倉の七口（西から極楽寺切通し・大仏坂(だいぶつざか)切通し・化粧坂・亀ケ谷(かめがやつ)切通し・巨福呂坂・朝比奈(あさひな)切通し・名越切通し）の守りは堅かった。鎌倉守備軍は敗色濃厚となりながらも、降参を恥とし鎌倉を守りながら、各地で討幕軍とここを先途(せんど)と戦い、激戦を展開し、倒れ、また自害していった。

洲崎古戦場　神奈川県鎌倉市

このような有様を『太平記』等の記述からみておこう。結城宗広が討幕に参加した十八日、洲崎（現、鎌倉市の寺分・梶原・山崎一帯の古称）あたりで戦っていた執権の赤橋守時（あかはしもりとき）が自害した。守時の妹は足利高氏の正室登子であったため、得宗の高時等に警戒されていた。彼はこれを恥としており、このために敗れて退却するのをいさぎよしとせず、帷幕（いばく）の中で物の具を脱ぎ捨て腹を十文字に掻っ切って、北側に頭を向けて伏し倒れたという。しかし、このときはまだ一進一退の状況であった。

だが、じりじりと鎌倉攻撃軍が優勢になっていった。二十一日、たまたま潮が引いた稲村ヶ崎（いなむらがさき）をまわって、鎌倉市中に大挙してなだれ込んでいった。ここから壮絶な市街戦となったのである。北条一門の名ある武将は激戦の中、次々と戦死したり自害したりしていった。大仏貞将（さだまさ）は山内（やまのうち）（鎌倉市山ノ内から横浜市戸塚区東半分）で我が身に七か所の傷を負いながらも、得宗高時がいる東勝寺（とうしょうじ）に戻り、六波羅探題への補任の御教書を得、さらに相模守に任じられた。この栄誉を受けたことで「今は冥途の思ひ出にもなれかし」と叫んで、敵軍の中に打って出て討ち死にを遂げたのである。

大仏貞直(さだなお)は極楽寺坂で敗死し、普恩寺基時(もととき)も塩田国時(しおたくにとき)も合戦の中で自害した。御内人の塩飽聖遠(しあくしょうおん)は、「大膚脱ぎに成って、父の首を打ち落として、その太刀を取り直し、鍔本(つばもと)までおのれが腹に突き貫いて、うつぶしさまにぞ伏したりける。郎等三人これを見て走り寄り、同じ太刀に貫かれて、串に指たる魚肉の如く、頭を連ねて伏したりける」(『太平記』)という状態で自刃した。北条一族、御内人らは、とどろきわたる攻撃軍の雄たけびの中で最期を迎えていた。このような攻撃軍の中に結城一族もいたのである。

もはや多勢に無勢である。鎌倉幕府に最期の時がおとずれた。内管領の長崎一族も安達時顕(あだちときあき)も自害した。葛西ヶ谷の東勝寺にいた得宗高時も自刃した。高時に従っていた北条一門、得宗被官も次々に腹を切り、また、自らの首を掻き落としたりして、思い思いに最期を遂げていったのである。その数は北条一門の二八三人をはじめとして、東勝寺で死去した者八七〇余人、鎌倉市中では六千人を超えたといわれている。宗広等の属する討幕軍は、完全に鎌倉を平定した。元弘三年(一三三三)五月二十二日のことであった。

三、白河結城氏の系譜

鎌倉時代末期頃に宗広のような人物が出現し、南奥羽で頭角を現して建武政権下で活躍し、室町時代には南奥の最も有力な大名となったのが白河結城氏である。その出自に関わって、どのような経緯で南奥羽の有力武士団となっていったのであろうか、少し考えてみよう。

鎌倉時代の結城氏

白河結城氏の本拠地は下総国結城（茨城県結城市）であった。その祖先を訪ねると、下野押領使の藤原秀郷に行き着くという。秀郷の子孫は鎮守府将軍に補任されたり在庁官人になったりして、関東や奥羽に大きな勢力を広げていったが、その子孫の中の有力な豪族の一つに小山氏が存在していた。鎌倉初期の小山氏の当主は政光であったが、そこに三人の子息がいた。朝政・宗政・朝光である。白河結城氏はこの中の朝光から出ている。小山氏一族は周知のように文治五年（一一八九）の奥州合戦で大活躍するのだが、源頼朝と朝光との最初の出会いは治承四年（一一八〇）十月二日のことであった。頼朝は石橋山の合戦に敗北して逃れた房総半島から、房総の武士団を味方につけて再起し、大軍となって武蔵国へと入った。その状況を『吾妻鏡』は次のように記している。

今日、頼朝の乳母である故八田武者宗綱の息女（小山下野大掾政光の妻で寒河尼と号する）が、特にかわいがっている末子を連れて隅田宿に参上した。（頼朝は）すぐに御前に召し、昔のことについてお話しになった。寒河尼は連れてきた子息を頼朝の側近として奉公させたいと望んだ。そこで頼朝はこの子息を召して自ら元服させ、御自分の烏帽子を取ってお与えになった。この若者は小山七郎宗朝と名乗った（後に朝光と改めた）。今年十四歳であるという（原和様漢文、現代語訳は『現代語訳吾妻鏡』吉川弘文館による）。

下総結城氏の本拠・結城城の本丸跡　茨城県結城市

朝光の母は小山政光の妻であり、頼朝の乳母でもあった。その母親が懇望したことで頼朝の烏帽子子となり、宗朝はのちに朝光と名乗り彼の近習となったのであった。そして、その後に起こった奥州合戦で大活躍する。『吾妻鏡』によれば、文治五年八月八日に阿津賀志山（厚樫山。福島県国見町）の前に陣取った平泉軍の金剛別当秀綱の軍勢と矢合わせした頼朝軍の中に朝光がいる。

九日の夜には小山朝光や宇都宮朝綱等は安藤次という山案内人を立てて、平泉軍の大将藤原国衡の後陣の山によじ登り、翌日の朝、ときの声をあげて攻め立てたので平泉軍は大混乱となり、朝光は金剛秀綱を打ち取ったともいう。このように、この合戦は頼朝近習の朝光の手柄が強調されているのである。

『吾妻鏡』には他の兄弟についても抜群の活躍が記されており、この奥州合戦の軍忠により小山氏の嫡男朝政は菊田荘（福島県いわき市南部）、次男宗政は長江荘（同南会津郡）、そして三男朝光は白河荘を宛がわれたと推測される（『白河市史』通史篇1）。『結城家譜』（『続群書類従』六下）には、朝光が奥州合戦の恩賞として頼朝より「奥州の内において、白川をはじめとして三十一か所を給わった」と記されている。他の史書にも、この合戦で白河・岩瀬・名取の三郡を与えられたとされている。

『吾妻鏡』文治六年（一一九〇）正月八日の記事には、大河兼任が奥州で蜂起したため、その討伐の軍勢の中に「近国の御家人結城七郎以下、奥州に所領ある輩においては、（中略）面々にいそぎ下向すべきの由、仰せ遣はさる」と結城朝光のことが記されている。奥州合戦から半年後には奥州に所領を得ていたことが知られ、それにより合戦の恩賞として朝光は白河荘を得たものとみられる。

朝光は長命で、以後は鎌倉幕府の重臣・宿老として活躍する。嘉禎元年（一二三五）には、幕府の評定衆に就任しており、このときは六十九歳であった。そして建長六年（一二五四）二月に八十七歳で死去した。朝光の名乗りについて『吾妻鏡』は、「小山」から次第に「結城」と呼称するようになっていくのであるが、その境目は建久四・五年（一一九三・九四）ころからである。正治元年（一一九九）ころからはほとんど「結城」と記しており、このことは小山氏から「自立」したことを示していよう。

結城朝光の嫡男は朝広である。朝広も父朝光と同様に将軍側近の御家人であった。彼も貞応二年（一二二三）二月に兵衛尉に任官して以後、左衛門尉、検非違使判官、大蔵権少輔の官職を歴任し、幕府の宿老として活躍したことが知られている。死去した年月日は詳らかにはできないが、彼も長命であり、八十歳を越える長寿を全うしたのではないかといわれている。

結城朝光の墓　茨城県結城市・称名寺

朝広の嫡男が広綱で、結城家の惣領になった。彼も検非違使となり、上野介となっている。そして朝広の次男（一説によれば四男）とされるのが、白河結城氏の祖となる祐広である。通説ではこの祐広が白河荘南方に下向して白河結城家が成立したとされている（『白河古事考』）。いつごろ白河荘に下ってきたか不明だが、「結城系図」（『続群書類従』六下）によれば「号白河弥七左衛門、奥州白河居住」とされている。結城惣領を継承した広綱

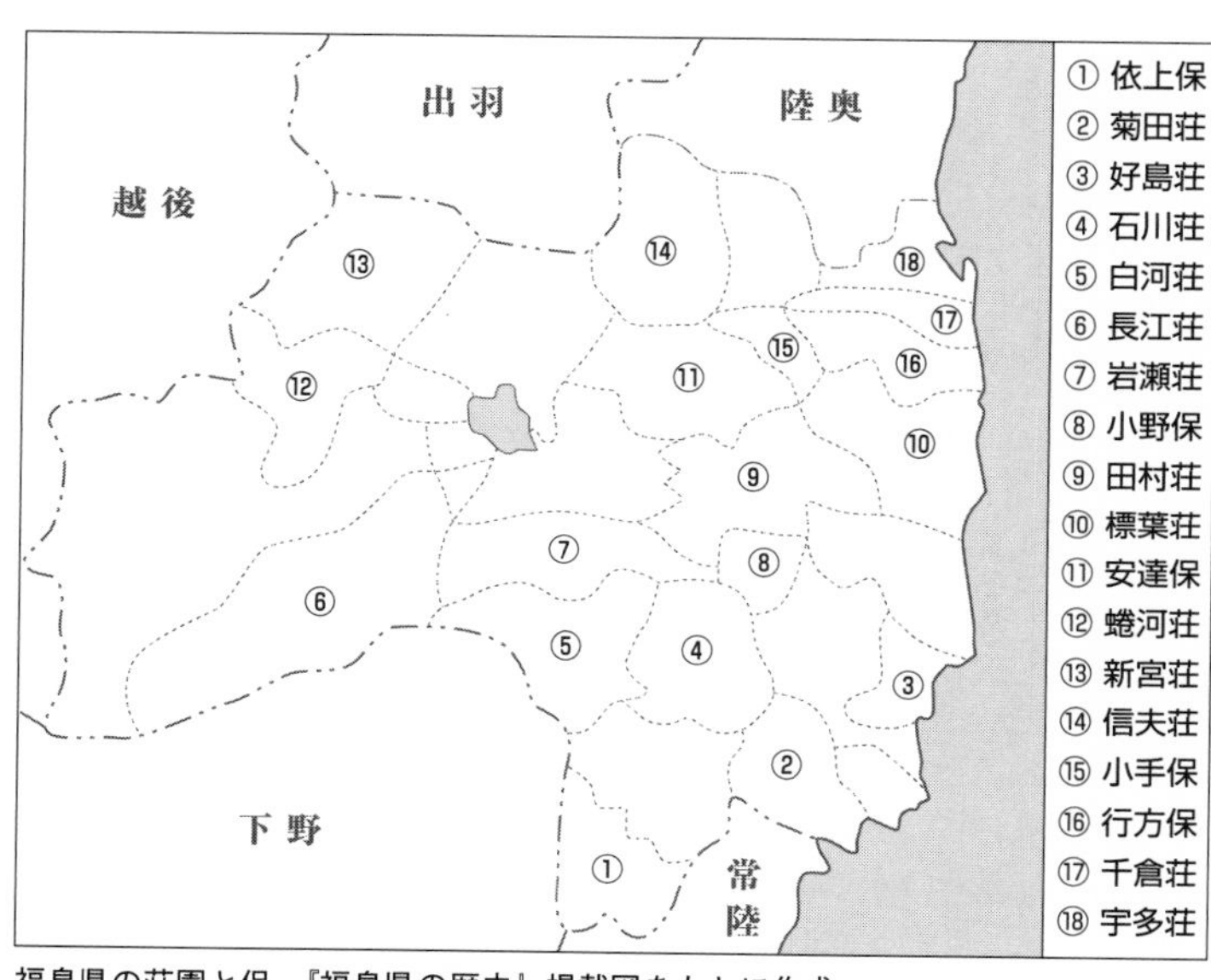

福島県の荘園と保　『福島県の歴史』掲載図をもとに作成

の統括のもとで白河に派遣されてきたが、のちに自立的な支配を行う別家（白河結城家）となったのであろう。白河に下向したのはいつか明らかにできないが、十三世紀の中期ごろであろう。

祐広の嫡子が宗広である。宗広に関する文書の初見は、文保二年（一三一八）二月十六日の日付を持つ関東下知状である（二―八）。これは陸奥国白河荘内富沢郷の宿所が炎上したために、同所以下の郷村の地頭職に関する文書を失ってしまったと結城盛広（宗広の従兄弟、下総結城氏惣領広綱の次男）が幕府に訴えてきた。そのため、宗広がそれらの所領について確かに盛広の相伝知行の所領であることを幕府に答申し、幕府がそれにもとづいて所領等を安堵したものである。その後、すでに述べたように、使節遵行（せつじゅんぎょう）（幕府の命で相論となっている土地を勝者に引き渡したり命令を執行する使節）等の幕府使節として活動している。そして最初に述べたように「後醍醐天皇謀叛」に関する有名な書状に関わり、歴史上、著名な武将となるのである。

白河荘と白川城について

白河荘についての鎌倉時代の史料は少ない。白河荘は北方と南方に分かれていたことが知られている。前述した文保二年（一三一八）二月十八日付けの関東下知状で北方の地名などがわかる。そこに記されているのは、富沢（西白河郡大信村）・真角（西白河郡矢吹町）・大和久（同矢吹町）・葉太（西白河郡西郷村）・大田河（西白河郡泉崎村）・小田河（白河市）・趺増（西白河郡泉崎村踏瀬）・赤丹沢（未詳）の諸郷、さらに田中（岩瀬郡長沼町）・鉤尾（西白河郡西郷村鶴生）・飯土用（西白河郡矢吹町）・深谷（西白河郡大信村）等の村々で、この北方は結城盛広が所有していた。

南方は阿武隈川（あぶくまがわ）流域で、庶子家の白河結城氏（広綱の弟祐広から宗広に続く）が支配していた。建武元年（一三三四）ごろと推定されている文書（結城宗広知行所領注文案）で、宗広の所領を書き上げたものがある（二―四三）。それによれば、南方には米村郷（西白河郡西郷村）・大村郷（白河市）・下大村郷（同）・競石郷（同）・船田郷（同）・板橋郷（同）・青沼（未詳）・北高倉（未詳）・熊倉（西白河郡西郷村）・白坂（白河市）・高奈良（未詳）・栃本郷（西白河郡東村）内在家がみえており、そのほか出羽国・駿河国・備中国に所領があり、京都にも屋地があったことを知ることができる。その他白河荘内には、関村（未詳）・屋代郷（表郷村）・皮子辻（未詳）・泉崎郷・小萱郷・荒砥崎等の存在を『白河市史』は指摘している。

白河荘は、古代に白河郡と称する地域から出現してきた荘園である。白河郡が三つに分裂し、高野郡・石川郡・白河郡となり、さらに石川郡と白河郡が石川荘・白河荘となり、高野郡がさらに分かれて依上保が出現したのである。白河荘は現在の白河市、西白河郡の全域と岩瀬郡・東白川郡の一部であったとみられている。

この白河荘は、平安時代末期には藤原信頼・平重盛（清盛の長男）や天皇家の荘園であったと推定されている。ここへ鎌倉初期に奥州合戦の恩賞として与えられて、結城氏が入ってきたのである。すでに述べたように、宗広の父親の代からこの荘に居住するようになり、南半分を領有し下総の惣領家の統制を受けながらも、この地で独自の活動を始めたのである。拠点になったのは白川城（班目城ともいう）であった。

白川城跡は阿武隈川右岸に存在し、阿武隈川と東流してそれに合流する谷津田川が天然の堀となる要害である。この城は標高四〇〇メートルほどの丘陵地を利用して構築されており、現在は国史跡で

（上）白川城跡主郭を望む　（下）白川城の土塁と空堀　写真提供：白河市文化財課　福島県白河市

ある。遺構は戦国時代のもので、東西一キロ、南北五五〇メートルに及ぶ広大な城域である。現在、曲輪・虎口・土塁・空堀などが山中に良好な形で残されている。ただし、築城初期の規模などはよくわかっていない。現在の史跡は本城地区（御本城山地区等）・別條地区（搦目山地区等）・向館地区（藤沢山地区）の三ブロック（ただし便宜的に区分したものである）に大きく区分けされている。

発掘調査によれば、主郭となるのは「御本城山」の地名が残る本城地区であり、当初、南北朝期に御本城山を中心に築城されたものが、戦国期に順次、他地

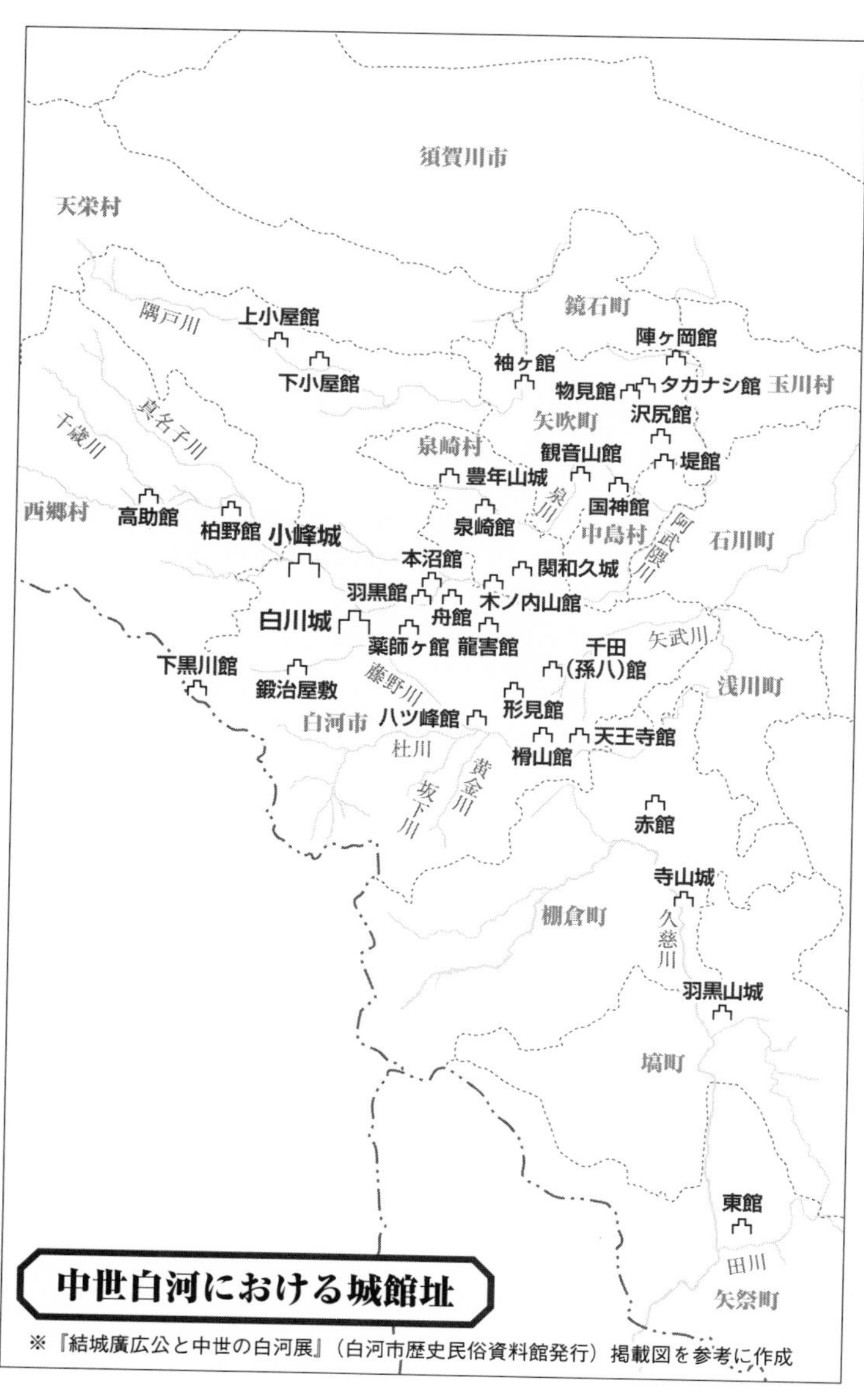

中世白河における城館址

※『結城廣広公と中世の白河展』（白河市歴史民俗資料館発行）掲載図を参考に作成

区へ拡張し、さらに搦目山地区を取り込み現在の形状の史跡になったと推定されている（『白河市埋蔵文化財調査報告書』第72集）。宗広時代の白河結城氏は、この御本城山の城を中心にして活動していたものであろう。

宗広は「十悪五逆」の悪人

白河荘を拠点にした結城宗広らその一族は、どのような生活をしていたのであろうか。前述した宗広の所領書き上げには、田在家とともに荒野や狩倉（かりくら）（狩場）も所領として記されている。宗広は東国武士として武芸の訓練をかねて、荒野や狩倉で狩猟を行っていたことを示している。宗広の日常生活について述べた有名なエピソードも存在している。宗広の最後を記した『太平記』の叙述がそれである。この書の巻二十に「結城入道地獄に落ちる事」と題して、宗広が死去する様子が次のように書かれている（現代語訳）。

北畠親房（きたばたけちかふさ）らと奥羽に下ろうとしたが、大風により伊勢に押し返された宗広が再度、奥州に（伊勢から）渡海しようと海の風向きの良い日を待っていると、にわかに重病となって起きられなくなった。もはや死は免れないと見えたので、徳のある賢者が枕もとにより「たいしたことはないと思っていましたが、ご病気が日を追い重くなっているので、ご臨終も遠くないと思われます。

死後に極楽浄土へ生まれる御望みを強く持ち、阿弥陀念仏を口で唱え、極楽浄土に迎える三尊をお待ちなさい。もし、現世において、御心にかかることがあるならばおっしゃいなさい、子息にお伝え申しましょう」と言った。そうしたところ、宗広はがばっと跳ね起きて、からからと笑い、ふるえた声で言うことには、「自分はすでに七十歳を過ぎ、栄華も十分に堪能したので今生において何一つ思い残すことはない。しかし、ただこのたび上洛して朝敵を滅ぼさずに冥途に行くことは、千年万年まで悔いが残る妄念である。であるから、愚息の大蔵権少輔（結城親朝）に宗広の後生を弔おうと思ったならば、仏や僧侶・写経などで善根をいたしてはならないし、さらに読経の追善もしてはならない。ただ朝敵の首を取って、自分の墓にかけておけと伝えてほしい」と最後の言葉を言い終わった。そして刀を抜いて逆手に持ち、（刀をくわえて）歯ぎしりして死んだのである。罪業の深い人が多いといっても、臨終のときにこれほどの悪相をあらわした人は、古今東西において聞いたことがない。

そして、宗広の日常の振る舞いを聞くと、

宗広は十悪（殺生・盗み・邪淫・嘘つき・両方の人に異なったことを言うこと・悪口・真実に背いた飾り立てた言葉・貪欲・怒ること・邪見）、五逆（父殺し・母殺し・仏身を傷つけること・阿羅漢を殺すこと・僧侶の和合を破ること）のこの上もない悪逆非道の悪人である。鹿狩りや鷹を使った狩は世間の生業であるから言うにおよばず、罪のない者を殴って縛り、僧尼を殺すことはその数を知らない。常に死人の首を見ないならば気分が晴れないといって、僧侶や俗人、男女をとわず、毎日二、三人の首を切って、わざと人の目の前に懸けさせた。このような状態であるから、宗広がしばらくいた辺りは死骸が満ちて、家畜を屠殺する場所のようであり、死骸が積まれて墓地のようであった。

これらの記述が、『太平記』の宗広に対する評価ともいえる。戦前の「皇国史観」で天まで持ち上げられた結城宗広も、『太平記』によればまったく形無しで面目ない状態である。ただし、戦前はこのような宗広の評価はまったく教えられなかった。この『太平記』のエピソードは、北畠顕家が畿内で戦死した後、宗広が奥州に建武政権の拠点を築こうとして伊勢を出発した延元三年（一三三八）九月初旬のことで、遠州灘で暴風に遭い伊勢に吹き返されて、そこで死去したときの記述である（このときの状況については「第三章　結城親朝と北畠親房」のところで論じている）。

この叙述の前半部分は、『平家物語』の平清盛が死去するときの描写をまねしたような書き方であるが、ここで述べたいのは後半部分の「悪業」についてである。宗広が殺生・殺害等の極悪非道な行為を日常的に行っていたというのは、『太平記』作者の虚構とみなすこともできるが、かなり真実をついたものともいえる。鎌倉時代の武士の行為について、同じようなことが行われていたとする確実な史料が存在するからである。

　鎌倉時代後期に書かれた『とはずがたり』という日記が現存している。筆者は二条（にじょう）という後深草上皇の寵愛を受けた女性である。彼女をめぐる男性が上皇以外にも何人も出現し、たいへん悩んだり、不幸が続いたりした。そこで筆者の二条は宮中を退いて尼となり、旅に出て東国や西国を遍歴したのである。その中で、鎌倉に下向したのち、西国の備後国に旅したときの様子が日記に記されている。

　鎌倉の権力者の多くは京風に染まっていたが、西国に至ったときに異なる情景を彼女は目にしたのである。その日記によると、「備後国に行く途中の船内で知り合った女房が書き留めてくれた（教えてくれた）和知（わち）（広島県三次市和知町）というところを訪ねると、ほど近いところに尋ねあてることができた。深くも考えずに、ただうれしくて、そこで二、三日過ごしたが、そのときにその家の主人の様子を見ていた。すると毎日、男や女を四、五人ほど連れてきて、責め折檻（せっかん）するありさまは目も当てられないのである。これはどうしたことかと思っていると、鷹狩りであるとか言って鳥類をたくさん殺して集めてくる。また、狩といって獣をとってくる様子、およそ彼は悪行深重（あくぎょうしんちょう）の武士なのである」と書かれているのである。

　この和知という武士は東国出身の武士（白河結城氏と関係ある武士の中にも和知氏が存在する）で、近くに江田（えだ）という兄弟がおり、また、鎌倉には広沢（ひろさわ）という伯父もいた。『太平記』の中で述べられている宗広の「悪業」と、備後に下ってきた東国武士である和知の行為がなんと似ていることか。和知はその後、江田に行った筆者の二条を下人扱いにして、殺すのなんのといって大騒ぎをしたのである。このような例の他にも、西国の寺社縁起の中に東国から下向してきた武士層の殺生・殺害等の悪業を述べたものが多い。

そもそも武士たるものは本来、殺害を職業とする集団であったといわれている。藤原道長は従者の武士を「殺人が上手である」とほめていたり、また、十世紀末に朝廷に出された「尾張国郡司百姓解」という史料によれば、国司の郎従（武士）が日常的に悪業である鹿狩り・鷹狩り・川狩り（漁労）の殺生を行っていると訴えているのである。鎌倉幕府が成立した以後も、この本質は変わらなかった。東国では「巻狩」というようなことがさかんに行われたが、これは動物を殺す武士たちの「儀礼」であった。東国の武士はもともと狩猟民であり、東国とは日常的に殺生・殺害を行っている社会であった。

仏教思想である殺生禁断思想に強く染まっている京都・畿内の人々からみれば、東国は異様な社会であったといえる。そして彼らは、異様な社会の主役である武士たるものは地獄に陥る存在であるとの観念（武士罪業観）を強く持っていた。『太平記』も、このような思想の上に立って宗広の死を描いているのである。こうみてくると、宗広は典型的な東国武士であったといえる。日常的に、殺生や合戦という大量殺害行為の訓練を常に行っており、殺害行為は日常茶飯事であったといえる。『太平記』

の記述は虚構とばかりは言えず、武士の本質を突いたものであった。このような宗広の活躍の場が白河であったのである。

すでに述べたように、「正中の変」の首謀者は後醍醐天皇であったが、世の人々は「当今御謀叛」（当今とは現天皇、すなわち後醍醐天皇）と称したが、そのときの後醍醐の弁明書の中で「関東は戎夷なり、天下管領しかるべからず、率土の民みな重恩を荷う、聖主の謀叛と称すべからず」と述べているのである。幕府を「戎夷」とみなすのは、まさに畿内の人々の東国観を的確に示しているのである。

しかし、討幕を果たすためには、罪業の深い東国の武士団そのものの支援を得なければならなかった。足利氏や新田氏などの後醍醐方となった東国の武士層は、白河結城氏とまったく同様の行いを日常的に行っていたし、その助けがあってこそ後醍醐は幕府を倒すことができたのである。

第二章　白河結城氏と建武政権

一、新政権と結城宗広

建武政権の出発

後醍醐天皇は六波羅探題が落ちたことを伯耆国船上山で知り、さらに京都に帰還する道すがら、鎌倉幕府が滅亡したという報告を受けたのであった。後醍醐は光厳天皇を廃し、関白鷹司冬教(かんぱくたかつかさふゆのり)以下の公家の官を解いて年号を元弘に戻した。これが後醍醐が復帰して行った最初の仕事であった。

元弘三年（一三三三）六月五日、天皇は勇躍して京都に帰ってきた。後醍醐が帰還した数日後の六月九日、鎌倉において戦後処理を行っていた宗広は、前述のように自らが鎌倉幕府を討つうえでいかに功績があったかということを後醍醐に訴える請文を発している。後醍醐の軍勢の中には、彼の側近となった結城親光が「得意満面」で、威を正して従っていたものと思われる。また、親朝はこのころ奥州白河で旧勢力の残党狩りなどを行っていたと推測される。建武政権が成立したとき、白河結城一族は京都・鎌倉・白河という拠点で活動していたのである。

六波羅探題が滅んだあとの洛中は大混乱となっていた。この洛中を抑えて治安維持に努めていたのが足利高氏であった。ところが、この高氏の行動を警戒の目で見ていたのが護良親王であった。しかし、護良は後醍醐天皇の説得に応じて十三日に帰洛し、高氏との衝突は避けられたのである。ここに後醍醐天皇を中心とする新政権が軌道に乗り始め、十五日には動乱の終息と後醍醐による権力の掌握を天下に宣言するにいたった。そして解体していた中央の権力機構の再建に着手したのであった。

六月末から七月にかけ、地方から所領安堵や恩賞などを求めて続々と武士が上洛してきた。このため、新政権はこれらの武士に対処しなければならず、また、さまざまな要求に対応するための明確な政治方針が必要になっていた。そこで七月二十三日に「諸国平均安堵法」と呼ばれる法令を発布したのである。この法令は、朝敵（建武政権への敵対者）の範囲を旧政権の中心であった北条一族のみに限定し、他の人々については現在、支配している所領を安堵（支配を承認すること）するというものであった。これによって武士層の動揺を抑えようとしたのである。

当時の武士にとって、もっとも重要な問題であったのが所領問題であった。所領支配の問題についての方針は「諸国平均安堵法」により決定したのだが、恩賞の宛行と支配機構の整備も緊急の課題であった。恩賞については『太平記』によれば、「八月三日より恩賞の沙汰があるといって洞院実世を責任者に定めた」としている。八月五日には討幕の最大の功労者である足利高氏に、後醍醐の名前である「尊治」の一字「尊」を与えて「尊氏」（以後尊氏とする）に改名させ、さらに従三位に昇進させて武蔵守（武蔵国国司）に任じ、各地の守護職を与えた。他の武将や公家たちにも守護や国司が次々と与えられていったのである。例えば、新田義貞は上野と播磨、足利直義（ただよし）は相模、楠木正成は摂津と河内の国司に補任された。このような中、北畠顕家が陸奥守に補任されたのである。

国司は本来、顕家のような位の高い公家が任じられるようなポストではなく、四位や五位の下流公家がつく職であった。ところが、建武政権においては三位以上の高級公家がこの職に任じられたのである。従来の慣例に反するこのような処置は、後醍醐が地方を支配していくうえで地方の国衙（こくが）機構をきわめて重要な機構とみなしていたからである。彼は地方の国衙機構を通して、王権を日本全国に貫徹させようとしていたのである。

地方でも、後醍醐は鎌倉と奥羽を特に重視した。建武政権が支配を安定化させるためには旧政権の所在地である東国と、鎌倉幕府の「植民地」的な地域とみられていた奥羽を強固に掌握する必要があった。奥羽は、鎌倉時代には北条氏に関わる荘園や所領が数多く存在しており、新政権になっても鎌倉幕府の残党がうごめいている地方であった。そのために後醍醐は、関東・奥羽地方に強力で有能な人材を送り込んで支配を貫徹し、新政権の安定化をはかろうとしたのである。白羽の矢が立ったのは足利直義と北畠顕家であり、直義を相模守として鎌倉に送り込み、顕家を陸奥守に補任して陸奥国多賀（たが）城（宮城県多賀城市）に下そうとしたのである。

北畠顕家は八月五日に陸奥守に任じられると、後醍醐はさっそく自分の側近となった結城親光の父親である宗広に「事書(ことがき)」を発した。また、顕家もそれを受けて宗広に御教書を送った。以下、この点に触れておこう。

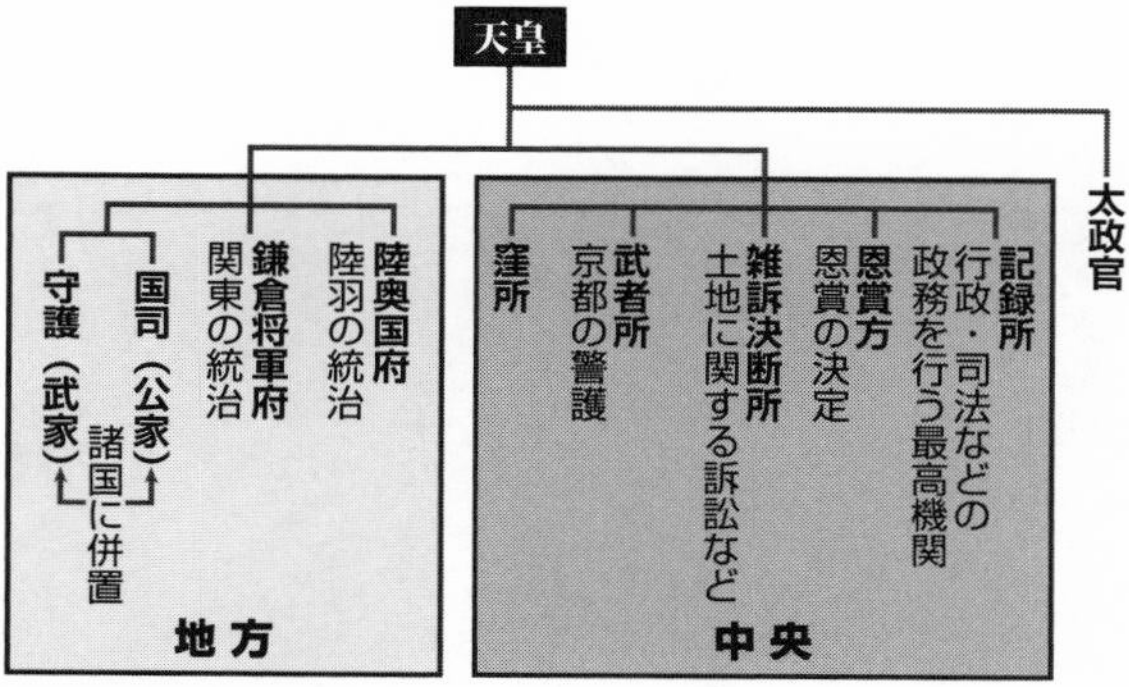

天皇
太政官
中央
記録所　行政・司法などの政務を行う最高機関
恩賞方　恩賞の決定
雑訴決断所　土地に関する訴訟など
武者所　京都の警護
窪所
地方
陸奥国府　陸羽の統治
鎌倉将軍府　関東の統治
国司（公家）
守護（武家）
諸国に併置

建武政権組織図

宗広宛ての御教書

宗広は鎌倉が陥落した後、しばらくして本拠地の白河に下ったと推測される。京都にいる次男の親光とは頻繁に連絡を取っていたと思われるが、この年の秋に突然、北畠顕家から御教書が届いた。九月三日の日付で、たぶん宗広は顕家が陸奥守に補任（八月五日に任命）されて奥州に下向することを知っていたと思われる。御教書とは、三位以上の公卿家の家政を担当している職員（家司(けいし)という）が、公卿の意向を受けて発する文書である。この顕家の御教書には、次のように書かれていた（現代語訳）。

陸奥国の国司以下のことについて、綸旨（天皇の命令書）が発せられましたが、その内容については安威(あい)左衛門尉資脩(すけなが)

を使者として派遣して伝えます。また、別のことについても綸旨による御事書が出され、支配している諸郡については、従来からの支配方式をたがえてはいけないと仰せ下されました。それゆえ、国宣（こくせん）（国司の命令書）を留守（るす）三郎左衛門尉につけて遣わすので、十分に理解されることが国司の宰相中将（さいしょうのちゅうじょう）（北畠顕家）様の御意向であります。

元弘三年九月三日　　前河内守朝重

結城上野入道（宗広）殿　　（原和様漢文　二―二九）

宗広のような田舎武士に、京都の高貴な公家から御教書が届くなどということは、鎌倉時代には考えられないことだったから、宗広は驚いたのではないか。この御教書が宗広に発せられたのはなぜかというと、北畠顕家が陸奥国の国司、すなわち陸奥守に補任されたからである。顕家は奥羽の武士たちの支援がなければ国司の務めを果たすことができないと考え、彼らを支配機構の中心に据えようと思っていた。ことに天皇側近の親光の父親である宗広に大きな期待をかけていたのだろう。

この顕家の御教書から、次のような重要なことが知られる。一つ目として、綸旨によって「事書」なるものが出されていること、二つ目は、結城氏が支配している諸郡について従来の支配を認めていることであり、三つ目として、前項の方針に基づいて国宣が発せられていることである。

特に注目しなければならないのは、綸旨によって発せられた「事書」である。

この「事書」に関わるものとして、前月十八日の日付を持つ二つの文書が存在している（ただし、二つとも写しである）。一通は北畠顕家宛ての、次のような綸旨である。

結城上野入道道忠（結城宗広）に仰せ含めらるべき事、事書一通これを遣わさるるの由、仰せ下され候なり、依って上啓くだんのごとし。

（元弘三年）八月十八日　　式部少輔（岡崎）範国奉

謹上　陸奥守（北畠顕家）殿

（原和様漢文、二―二七）

この文書は後醍醐天皇の綸旨で、天皇の命令を伝えたものである。これによると、八月十八日以前に、後醍醐は宗広に伝えるべき点を列挙した一通の「事書」を、顕家宛てに綸旨で送ったというのである。現在、日時が欠如した後醍醐天皇の「事書案」（二―二八）が残されている。その「事書」には、次のように書かれていた。ただし、残念ながら最後の文章が欠損しており、日付も明らかでない。しかし、八月十八日の綸旨に付属する文書であることは明らかである。それは、現代文で示すと以下のようなものである。

結城上野入道に仰せ含めること。陸奥国に源宰相中将（北畠顕家、国司）が赴任する。心を一つに合わせて、無二の忠節に励むこと。宮（義良（のりよし）親王）が奥州に下るから国司の指示に従って手落ちがないようにすること。このたびの合戦のとき、親光（宗広の次男）は京都において最も早

> く味方となり、また、宗広の一族は東国においても忠節をいたしていると聞き及んでおり、たいへんに感じ入っている次第である、今後もいよいよ忠節をいたすべきこと。遠方に居住しているが、近習（主君の側近）とかわることなく奉公すること。また、諸郡は従来どおりに支配すること。すべて国司の命令に応じて私心なく勤めること。このことを特別に仰せ含める。

この「事書」は結城宗広に言うべきこととして、北畠顕家を国司（陸奥守）に補任したこと、顕家とともに義良親王（南朝第二代後村上天皇）が陸奥国に下向すること、親光・宗広等の忠節を称賛し、さらなる奉公を求めていること、さらに郡（結城氏の所領）の支配などについて顕家が指示するようにとしたものである。このように、天皇が地方の武士への対応を綸旨で指図するということは、前代までは考えられないことであった。また、宗広以外にも次男の親光の名前を挙げてその功績をたたえているのは、当時の親光の立場を示すものとして注目すべきことである。

中央の名門公家（村上源氏）の出身である北畠顕家が、後醍醐の皇子である義良親王を奉じて陸奥に下るということであるが、これも鎌倉時代までは考えられないたいへん異例なことであった。しかし、後醍醐は八月五日に顕家を陸奥守に任命して、陸奥国多賀城への下向を決定していた。このことについては後で触れる。

後醍醐が白河結城氏に対しても異例なことを行った。顕家が奥羽に下った直後のことだが、建武元年（一三三四）正月十八日、後醍醐は結城宗広宛てに一通の綸旨を下している。それは次のようなものであった。

結城の惣領として、一族中を支配せしむべきのこと、てえれば天気かくのごとし、これをつくせ、もって状す、

元弘三

正月十八日　　右少弁判

上野入道（結城宗広）館

（原和様漢文、二―三四）

この綸旨の「元弘三」については議論があり、「元弘三」は「元弘四」の誤写ではないか、すなわち、建武元年とみなすのが通説である（『大日本史料』六編一）。しかし、「元弘三」は建武三年ではないかとの見解も存在している。通説では「建武元」とされているので、ここでは建武元年として論を進めることとする。後醍醐天皇は顕家が奥羽に下り、奥羽を統括しようとしたときに、宗広に対してその功績に鑑み、顕家への支援を期待して結城氏の惣領職を与えたものと思われる。白河結城氏は下総の結城氏の庶子（本家から分かれた家）であり、本来、惣領は嫡流である下総結城氏の当主である結城朝祐がなるはずであった。だが、後醍醐は朝祐が討幕に積極的に参加しなかったことで、それを咎めて惣領職を奪い、宗広に与えたのであった。

この処置はきわめて異例であった。鎌倉時代までは、主君が従者の惣領職を交替させるということはしなかった。それは家臣の一族内部の問題だから、鎌倉幕府はこの問題には介入しなかったのである。ところが、後醍醐は違っていた。強権を振るうのである。鎌倉時代まで続いていた惣領制という支配秩序が解体してきたことにもよるが、後醍醐が武士の家の内部まで介入して、権力を彼のもとに集中しようとしたのである。この惣領職の問題は、後醍醐天皇と白河結城氏がきわめて近い関係にあったことを示している。

二、陸奥国府の体制

北畠顕家が陸奥国司となる

後醍醐は京都に帰還すると、すぐに権力機構の樹立に手をつけた。それは天皇を中心とする中央集権的・専制的な制度を確立することであった。「物狂（ぶっきょう）の沙汰（さた）」ともいわれるような権力機構の改編であった。中央に従来からの権力機構のほかに、記録所・恩賞方・雑訴決断所（ざっそけつだんしょ）・武者所（むしゃどころ）・窪所（くぼどころ）などの役所を置き、王権の専制化をはかったのである。地方支配についても、帰還の二か月後の八月五日に大きな進展があった。すでに述べている通り、北畠顕家が陸奥守となったのである。さらに足利尊氏が武蔵守に任じられた。この両者の補任は顕家を陸奥に、尊氏を鎌倉に下向させるためのものであった。しかし、尊氏の下向は後に取り止められた。

新政権が成立した後の二か月間は中央の支配機構をいじっていたのであるが、八月に入ると地方に目が向けられ始めて、地方の支配制度や国衙機構の整備が重要であると認識され始めた。ことに旧政権が存在した東国や、その影響力がきわめて強かった奥羽については、権力を維持し安定化させるために、大物の登用が必要であると判断されたのである。顕家を陸奥守にすることについて、その補任以前に後醍醐と顕家の父親である北畠親房との間で、補任の意義についてやりとりが存在していた。そのことが『神皇正統記』に記されている。親房は子供の顕家とともに奥羽に下り、寝食をともにした間柄であった。当事者であるその親房が、奥羽への下向の経緯を書いているのである。それは次のようなものである（内容を現代語で訳す）。

北畠顕家銅像　三重県津市・北畠神社境内

> 元弘三年の冬十月に、東の奥（奥羽）を安定化させようとして、参議右近中将源顕家卿

を陸奥守になして遣わしました。（我が一族は）代々和漢の稽古（文官・文人）を家業として、朝廷に仕えて政治を行う道のみを学んできました。そのために官吏としての在り方も習わず、武勇の芸にも携わったことがありませんでしたので、再三にわたって辞退しましたが、天皇はすでに公家一統がなっており、文武の道の区別はなくなっている。昔は皇子や皇孫、もしくは摂関や大臣の子孫の多くも軍の大将に任じられた。今より以後は武を兼ねて藩屏（はんぺい）になれと仰せられて、自ら旗の銘をお書きになり、さまざまな武器をお与えくださいました。（国司）が任国に赴くことも絶えて久しくなってしまったのであるが、古い儀礼を訪ね探し出して、その例にのっとって赴任の儀式がありました。このときに顕家は御前に召されて天皇からお言葉をかけられ、御衣や御馬等をいただきました。そして奥羽の安定のためにとのお言葉を受けて、御子（義良親王）を奥羽に伴い奉りました。たいへんに恐れ多くも、今上天皇のお言葉なので詳しくは記さない。かの国に到着すると、奥羽の者どもは両国（陸奥・出羽）ともに皆なびいて従ったのである。同十二月には左馬頭（さまのかみ）直義朝臣が相模守を兼ねて下向しました。彼も四品（しほん）（四位）上野大守である成良（なりよし）親王を伴い奉りました。この親王は後で征夷大将軍をお兼ねになりました。

顕家は親房の長男であり、このとき弱冠十六歳であった。この若い長男を補佐するために、親房もともに奥羽に下向したのであった。奥羽に下った当事者である親房が、奥羽への下向の経緯をリアルに描いている。これから見る限り、新政権を支えるために後醍醐天皇が直接指示し、強引に事を進めたと思わざるをえない。上流公卿が奥羽に下向するなどということは、伝統的な公家からみると「物狂の沙汰」の一つのように見えるであろう。

ところが、親房の見解と少し異なっている史料も存在している。後にできた『保暦間記』という書物である。この書物は「保元から暦応」までの歴史を述べたものであるが、そこの記述を支持する研究者も存在する。その書物に書かれている概略を述べると、以下のようなものである。

新政権が成立すると、護良親王と足利尊氏が激しく対立した。そして畿内の武士は護良方となり、東国の武士の多くは尊氏方となった。しかし、東国の尊氏方の武士は東国・奥羽の地を領して力もあるので、護良は彼らを尊氏から離反させようとして後醍醐天皇の皇子の一人（義良親王）を奥羽に下そうとして、護良と親しい北畠親房とはかり、親房の子顕家を国司となして父子ともに奥羽に派遣したという。尊氏方も同年十二月に弟直義を関東八か国の守護となして下し、直義には鎌倉の将軍と申したが、親房等によって奥州を取り離されたので、東国の武士の多くが奥州に下り、古の関東の面影はなくなってしまった。

と断じている。いわば護良と親房の策謀により、顕家が奥羽に下向したとしているのである。

筆者は、当事者の親房の言辞、「物狂の沙汰」を行った後醍醐の強権政治からして『神皇正統記』

の述べていることを信じるが、『保暦間記』の記述のほうが正しいという見解もある（岡野友彦『北畠親房』）。そうであれば、親房は『神皇正統記』の中で後醍醐の言辞を捏造したことになるのではないかと思われる。しかし天皇の仰せを捏造するということは、考えられないことである。

結果から見ると、後醍醐の強引な統治方針により、この後、鎌倉と奥羽の対立は深刻となっていくのである。ここに、奥羽に陸奥国府という強力な統治機関、鎌倉には足利氏を中心とする「鎌倉府」の原型が成立する。

国宣による命令

後醍醐は顕家を陸奥守に任命すると、奥羽統治について多くの指示を出したものと思われる。その一端が示されているのが、前述した結城宗広への対応を指示した「結城上野入道に仰せ含めること」とする後醍醐天皇の「事書」である。これは、新政権が成立してすぐに顕家を陸奥守に任命（八月五日）し、その直後に出されたと考えられる。そのため後醍醐が奥羽をきわめて重視し、新政権を支える地域として、その支配のための構想を胸に温めていたと推定できる。そして、顕家はこの「事書」を八月十八日に宗広に送っている。

九月三日に顕家は宗広のもとに使者を派遣し、さらに京都から陸奥国に矢継ぎ早に国宣（国司の命令書）を発した。その中の一通に十月五日付けの陸奥国の検断（軍事・警察権）に関する、次のような結城宗広宛ての国宣がある（和様漢文二―三二、残念ながら後半部分が欠如している）。

陸奥国の郡々以下に、検断について知っておくべきことを知らせる。それについての二通の事書を送る。この意を受けて検断を行うよう国宣によって命令する。

元弘三年十月五日　　　前河内守朝重

白河上野前司入道（結城宗広）殿

一、所々の濫妨（所領争いや所領横領）のことについては、是非を差し置いて、まず現在知行している者に　所領を沙汰（保障）しなさい。もしこれに違反した族は永く（所領争いの）訴訟を禁ずること　にする。

一、綸旨を持たずに自由　妨（好き勝手な行い）をする輩（連中）

欠けている部分を補って、この項目の内容を推測すると、去る六月十六日に宣旨（朝廷の太政官等が発布する公式な命令）が出された。ところが、近ごろ護良親王の令旨を持っているとか、国司・守護の被官とか称したりして、あるいは現地の沙汰人だといって、自分勝手に濫妨を行っている。このような連中については、（以下の文章が欠けているが）たぶん、厳重に取り締まるようにというような文言が書かれていたのだろう。

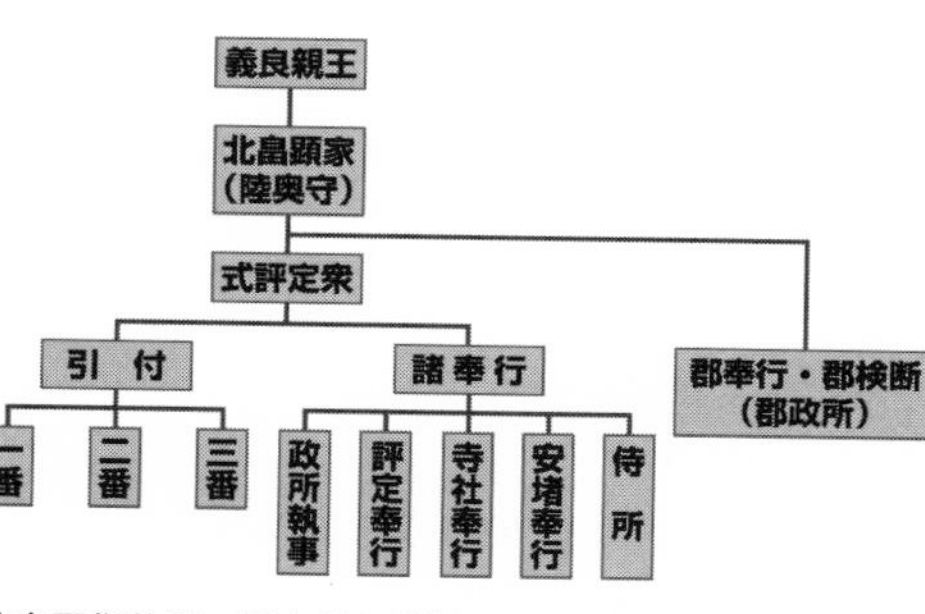

陸奥国衛体制　諸奉行や引付の活動を示す史料は知られていない

最初の項目は、七月二十三日に発布された「諸国平均安堵法」と呼ばれる法によった指令と思われる。では、この法律の内容はどのようなものだったのだろうか。宣旨は、最初に「まさに士卒民庶をして、当知行の地、依違あるべからしむべきの事」と宣言しており、その内容は鎌倉幕府の北条高時などに与同した朝敵以外は当知行地を安堵せよとしており、その取り扱いは「五畿七道（ごきしちどう）」に任せる、すなわち諸国にその権限を付与したのである。それゆえ陸奥国国司である顕家が宗広に国宣を発して、陸奥国内の現知行（当知行）人に所領を安堵せよと命令して、赴任する陸奥国の安定を期したものである。

第二項は、後半が欠損しているために全体像をみることができないが、記されていることから推測すれば、天皇の命令書である綸旨を持たないで（天皇の権威をないがしろにして）、護良親王らの権威を笠に着て乱暴狼藉を働く者の取り締まりを命じたものであることは疑いない。国司の顕家は奥羽に下向するにあたり、まず、国宣を通して新政権の政治方針を在地に知らしめたといえる。

ただ、白河にいた宗広が、陸奥国宣によって（前二項の）検断を行えと命令されているが、この十月の段階で、宗広が陸奥国府内でどのような役職を与えられていたか不明である。顕家が奥羽に下向したのち、陸奥国府の支配体制（奥州小幕府ともいわれている。後で検討）が構築されたが、そこの式評定衆（ひょうじょうしゅう）になっている。この段階では正式に補任はされなかったのではないかと思われるが、しかし、内示はされていたかもしれない。

いずれにしても、顕家は奥羽の状況、在地の領主の顔ぶれをみながら、地ならしをして元弘三年十月二十日、後醍醐の皇子である義良親王（母は後醍醐がもっとも寵愛した阿野廉子（あのれんし））を奉じて京都を出発して、同年暮れに陸奥国国府が存在する多賀城に到着した。

陸奥国府を構成する人々

さて、まだ任官したばかりのような顕家を補佐して奥羽に下ってきたのは、父親の北畠親房であった。後醍醐天皇の寵愛する阿野廉子の産んだ皇子を奉じて下ったところに、後醍醐の奥羽に対する並々ならぬ期待と決意がうかがわれよう。このような高位の公卿を国司クラスの地位につけて活躍させるのは、後醍醐の従来の慣例にとらわれない「物狂の沙汰」の一つであったのである。しかし、奥羽支配の全権を委任された顕家は、天皇の説得に応じて父親の親房とともに強い決意で奥羽に下ってきた。

顕家の陸奥守発令は八月五日であったが、出発は十月二十日であった。この二か月半の間に陸奥国府の在り方を後醍醐と十分に打ち合わせて、事前の準備を行って出発したと考えられる。『梅松論』では、奥羽を新政権の「藩屏」となすために「大命」を受けたと述べている。「大命」とは、顕家に奥羽の支配の全権を委任したということであろう。事実、奥羽には後醍醐の綸旨は存在するが、雑訴決断所関連の文書は存在していない。顕家は国司として奥羽にわずか二年ほどしか存在しなかったが、その精力的な活動は、きわめて多くの国宣を発布したことから知られる。

顕家が奥羽を強力に支配して、新政権の「藩屏」になるためには、奥羽の武士層を結集して支援を得る必要があった。そのために整備された強力な権力機構が必要であった。その権力機構と人員配置は次のようなものであったと史料に記されている。

奥州

式評定衆

冷泉源少将　家房　　式部少輔　英房（藤原）

内蔵権頭入道　元覚　　結城上野入道（宗広）

信濃入道　行珍（二階堂行朝）　三河前司　親脩（結城親朝）

山城左衛門入道　顕行（二階堂）

伊達左近蔵人　行朝

引付

一番

信濃入道　　長井左衛門大夫　貞宗

近江二郎左衛門入道　　安威左衛門入道

五大院兵衛太郎（石川一族？）　安威弥太郎

合奉行

椙原七郎入道

二番

三河前司　　常陸前司（小田時知）

伊賀左衛門二郎（貞長）　　薩摩掃部大夫入道

肥前法橋　　丹後四郎

合

豊前五郎

三番

山城左衛門大夫　伊達左近蔵人
武石二郎左衛門尉（胤顕）　安威左衛門尉
下山修理亮　飯尾次郎
合
斎藤五郎
諸奉行
政所執事　山城左衛門大夫
評定奉行　信濃入道
寺社奉行　安威左衛門入道
　薩摩掃部大夫入道
安堵奉行　肥前法橋
　飯尾左衛門二郎
侍所　薩摩刑部左衛門入道（伊東性照？）　子息五郎左衛門尉親宗をもってこれを勤める
「建武年間記」（『群書類従』二十五輯）

まず、この国府の権力構成をみると、国司のもとに最高首脳である「式評定衆」なるものが存在している。その構成員は八名で、顕家とともに京都から下ってきた下級公家も存在している、安威氏のように、顕家の側近（安威氏はもとは鎌倉幕府の奉行人ではなかったかとの指摘もある）もいたが、結城氏（三河前司も通説では結城氏とされている）や伊達氏・二階堂氏（岩瀬郡領主）等が参加していることが注目される。また、引付が三番あり、さらに政所執事、評定・寺社・安堵の諸奉行が置かれており、武士の統率機関として侍所が設置されている。

それぞれの部署の構成員は奥羽の武士たちであり、福島県中通りの結城宗広一族、伊東一族（安積郡領主）、二階堂氏、伊達行朝、石川氏（石川荘領主）と思われる武将たち、浜通りの伊賀一族、武石胤顕（宮城県亘理郡）、岩手県の山下氏、山形県置賜地方の長井一族等が主要なメンバーであった。ただ、浜通りの有力者である相馬氏、会津の蘆名氏（三浦氏）等が欠けているが、これは足利直義を中心とする鎌倉将軍府に参加したためとみられている。この武将たちは、南奥羽地域の者たちが主である。この理由は、北奥羽はいまだ旧幕府勢力が力を持っており、この地域については、建武政権がまだ完全に掌握していなかったと思われるからである。

通説にもとづいて前述のように書いたが、検討しなければならない問題が残されている。陸奥国府の構成について少し補足しておくと、「建武年間記」に記されているこの構成はいつなされたものかという点については議論がある。通説ではこの史料の記載順序からして建武元年一月であるとされているが、これを疑問視する研究者も存在する。私は断定できずに不明であると考えている。成立の問題より重要なのが、この構成員の活動実態についてである。現在残されている史料を検討すれば、ここにみられる引付や諸奉行が活動した実態についてはは検証することができない。形式上からみれば「小幕府」のようにみられるが、陸奥国府がわずか二年ほどであったので、各氏は「肩書」はいただいたが、それにもとづいてほとんど活動しなかったのではないかと考えられる。陸奥国府に集まり、評定等を行い、安堵や引付において所領裁判等について議論したなどとはとても考えられない。むしろここにみられる諸氏は自分の所領となった郡（検断・奉行）で活躍している。そうしなければならないような緊迫した事態が続いていたのである。陸奥国府は「小幕府」ともされているが、幕府の実態はまったくなかったといえる。ただ「小幕府」のようなものにする構想はあったと考えられる。

北畠顕家と奥羽支配

顕家が奥羽に下ってきたことについて、『保暦間記』に「護良親王が策謀して、出羽・陸奥に所領を持っている東国武士を足利尊氏から離反させるため、後醍醐天皇の皇子の義良親王を奥羽に派遣し、国司には親王と親しかった土御門入道（北畠）の子である顕家を任じて、父子ともに奥羽に下した」と記されている。足利尊氏と護良親王が相互に不信感を持ち、相容れない存在であったことはよく知られている。この『保暦間記』の指摘は、事実の一面をついているのだろう。それゆえ、記述から顕家の奥羽への下向を後醍醐天皇の主導ではなく、護良親王と北畠親房の策謀であるとする見解が現在でもみられることはすでに述べた。

しかし、後醍醐天皇が『神皇正統記』の中で、顕家の奥羽への下向を「説得する言辞」はたいへんにリアルである。後醍醐が顕家の陸奥下向に消極的、あるいは「反対」であったとされるならば、この後醍醐の説得は親房が作り上げた「虚偽」の産物ということになる。「虚言」を天皇の述べた言葉として『神皇正統記』に書き込むことは、親房と天皇の関係からしてありえない。それゆえ、すでに述べたように、奥羽への下向を嫌がる親房・顕家父子を説得して、彼らを奥羽に派遣したのは後醍醐天皇の主導であったといえる。

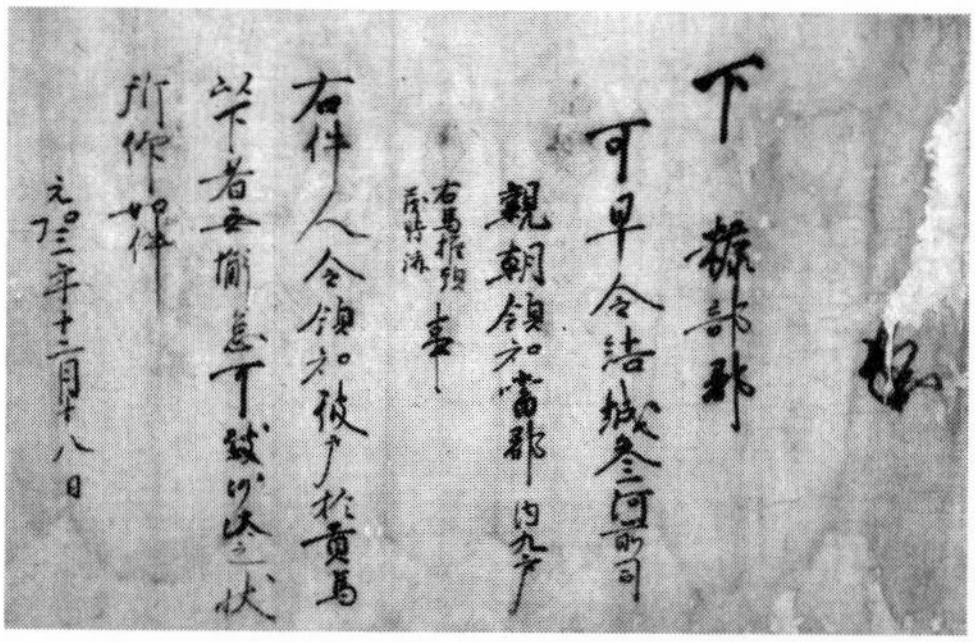

元弘３年12月18日付け北畠顕家下文　三重県津市・結城神社蔵　写真提供：石水博物館

陸奥国府の制度は鎌倉幕府に準じたもののようにみられるが、在地の人々に命令する文書は従来の王朝政権が用いてきた「国宣」という様式（上の掲載図版を参照されたい）を使用し、幕府が用いていた御教書・下知状・下文等ではなかった。しかし、この国宣が従来のものと異なるのは、国宣の最初（右端、ここを袖という）に顕家の花押をすえたことである。この花押を「袖判」と呼んでいるが、この袖判は幕府の将軍御教書にみられるもので、この点は旧来の幕府の文書様式をまねしているのである。まねした理由は、幕府に永年親しんできた奥羽の武士層に対し、国宣を抵抗なく受け入れさせるためには、将軍御教書に準じたような様式がよいとの配慮があったからではないかとの憶測もなされている。

顕家が奥羽に派遣された目的は、鎌倉時代に北条氏の「植民地」のような存在であった奥羽を新政権が完全に掌握するためであったが、この地の多くの武士が新政権になびいたとはいえ、いまだ旧政権の残存勢力が北奥を中心に存在していた。その有力なものが、津軽に逃げ下っていた得宗北条高時の弟泰家（時興）・名越時如・安達高景などであり、奥羽の諸氏の中には彼らに加担する者もいた。

元弘三年の暮れから翌年の建武元年正月にかけ、彼らは反建武政権の旗を掲げて挙兵した。このような北奥の動きに対して、陸奥国国府に到着した後の顕家の行動は敏速であった。すぐさま曽我氏、南部氏等に命じて旧政権の残党を討ち、南奥羽から兵を派遣して津軽を平定したのである。それは建武元年の暮れのことであった。ここに奥羽の地は、ほぼ建武政権の掌握するところとなったのである。

陸奥国は広大であった。当時、奥羽は日本全国の三分の一の広さであると認識されていたので、その広大な地域を支配するために、陸奥国国司の権限は他国の国司の権限より強大であった。陸奥国内で北条氏が持っていた所領は新政権によって没収されたが、その没収した所領を奥羽の諸氏に宛行う権限、従来からの所領支配の継続を認める安堵権、領主相互が所有をめぐって争っている土地の裁決を伝えて裁決を執行する権限（使節遵行という）、検断（現警察の職務）の執行を命令する権限、年貢の徴収を命令する権限等が北畠顕家に与えられていた。

建武２年10月26日付け結城親朝宛て陸奥国国宣　三重県津市・結城神社蔵　写真提供：石水博物館

このような国司の権限を現地で執行するものとして、「奉行」あるいは「検断」と呼ばれる現地の責任者が存在していた。彼らを国府から派遣したり、現地の有力者を登用したりして陸奥の国内を統治しようとしたのである。彼らは検断奉行などとも呼ばれており、奉行は行政（租税の徴収、領主の田数・年貢等の調査、年貢負担者の掌握などを行う）に関わり、検断は警察の職務を担当した。彼らが行う職務を遂行する範囲は郡単位であり、郡奉行所・郡政所とも称されて国府の支庁のような存在であった。

南奥羽にも、もちろんこのような機関は置かれた。結城宗広は「陸奥国吏務職」「諸郡奉行」、あるいは「陸奥国已下検断」なる職務に任じられており、さらに結城親朝は白河・高野・岩瀬・安積の各郡、石川荘・田村荘・依上保・小野保の検断に補任されている。この補任の国宣（二—六〇）が残されているが、読み下し文で示せば以下のようなものである。

（端裏書）
「国宣案保内検断事」
白河・高野・岩瀬・安積郡、石河・田村庄、依上・小野保等検断の事、奉行せしめ給うべし、てえれば国宣により執達くだんのごとし、
建武二年十月廿六日　　右将監清高奉
結城三河前司（親朝）殿

これより以前の同年の六月三日、顕家は相馬重胤に国宣を下して重胤を行方郡の奉行に任じ、さらに「伊具・日（亘）理・宇多・行方等郡、金原保検断の事、事書これを遣わす」と伊具・亘理・宇多・行方の各郡、金原保の検断に補任されている。さらに、相馬一族の武石胤顕も検断に任じられていたことが知られている。

足利直義と鎌倉将軍府

前述した顕家の陸奥下向に関わって、『神皇正統記』において足利直義が元弘三年（一三三三）十二

月に成良親王を奉じて鎌倉に下ったことに触れたが、もう少し詳しく見ておこう。
直義を関東に派遣したのも、後醍醐が積極的に推進したものと思われる。すでにふれたように、八月五日に尊氏が武蔵守に補任されたが、この日は顕家が奥羽に派遣されることがきめられた日である。後醍醐としては、尊氏を関東に遣わしたかったという思惑があったようだが、尊氏は京都を離れることを拒否したのではないかと推定される。そこで次善の策として弟の直義を鎌倉に派遣することになったと考えられる。直義が鎌倉に下向して造った行政機構を鎌倉将軍府と呼んでいるが、のちの鎌倉府の前身である。その権限は次のようなものであった。

　　関東十ケ国成敗の事
一　庶務の相論ならびに年貢以下の沙汰、一向に成敗あるべき事
一　所領ならびに遺跡の相論、異なる重事は訴陳を執り整へて注進をなすべき事
一　訴論人、あるいは在京しあるいは在国せば、訴人の在所に就きて沙汰あるべき事
　　已上、決断所に押さるるなり、
（「建武年間記」）

ここにある関東十か国とは、相模・武蔵・安房・上総・下総・常陸・上野・下野・甲斐・伊豆の諸国のことである。これが鎌倉将軍府の管轄諸国であった。この規定から判断するに、雑訴決断所に最終決定権があったといえ、この将軍府も関東を支配する「小幕府」であったとみなされる。

さらに、後醍醐が意図して、東国を安定的な支配するために与えた権限は、陸奥国府と同様に軍事指揮権、検断権等であった。そのために「関東廂番」なる組織が一番から六番までの編成で作られていた（「建武年間記」）。そこにみられる顔ぶれは、渋川・上杉・仁木・吉良、高氏一族等の足利一族や直属武士団、武田・河越・岩松氏等の東国の有力武士、二階堂氏や中原氏のような旧政権の吏僚層、さらには相馬や長井・三浦（蘆名？）のような武将の面々である。足利系の武士と東国・奥羽の有力武士をうまく組み合わせて組織されていたといえる。ただ、軍事組織は「廂番」でよくわかるが、行政組織の実態は不明である。関東には奥羽と異なり、各国に守護や国司が存在していたので、行政組織の実態は異なっていたであろう。また、鎌倉には陸奥国衙のような各種奉行や引付が置かれたというような史料は存在していない。

奥羽と関東に陸奥国府、鎌倉将軍府というような大きな組織が出来上がったが、この両組織は建武政権の崩壊により、数年後に抜き差しならない対立・抗争に入っていくのである。

三、新政権崩壊へ

「わが世の春」を謳歌する結城親光

さて、宗広の二男親光について話を進めよう。奥羽において、宗広・親朝が陸奥国府の中の有力武将として「時めいて」いたように、結城親光も京都の新政権の中で「わが世」の春を謳歌していた。親光は赤坂・千早城を攻略するために幕府が元弘二年（一三三二）九月に派遣した軍勢の一員として上洛したことが『太平記』（巻六）「関東大勢上洛事」に記されている。だが、いつかは不明だが鎌倉幕府を裏切り後醍醐の討幕軍に参加して、六波羅探題を攻撃するようになっていた。通説では、反幕府の活動を積極的に展開していた播磨国の武将である赤松則村（円心）の説得によって後醍醐軍に応じたといわれている。

『太平記』（巻九）よれば、元弘三年四月二十七日、千種忠顕・赤松則村等とともに山城国山崎において三百余騎を率いて六波羅探題軍と戦い、それを破って軍功をあげたという。「宗徒（むねと）の勇士とたのまれたりける結城九郎左衛門尉（親光）は敵に成て山崎の勢に加りぬ」と『太平記』は述べている。この合戦の六波羅軍の総大将は名越高家だったが、彼はこのときに討ち死にしている。この後に情勢は大きく変化していくのである。この後、親光は尊氏らとともに六波羅攻めを行い、後醍醐の京都への帰還に大きな役割を演じている。これらの功績から、親光は後醍醐の信任を得て天皇が京都に入るときに供奉したという。

元弘三年九月に新政権の中でも重要な役所である雑訴決断所（裁判等を扱った四番編成の役所）が設置されると、四番組の奉行人となり、次の年建武元年八月の編成替えにより、六番の奉行人になっている。決断所の奉行人には楠木正成や名和長年、高師直等が名を連ねている。ここには新政権の成立に功のあった武士層が大量に採用されているが、親光もそのような中の一人であった。親光のような武士に、当時の法律に基づいて裁判を行う知識や能力があったかどうかははなはだ疑問であるが、後醍醐は政権内に多くの武士たちを取り込むため、能力の有無を見きわめずに補任しているのである。有名な「二条河原落書」で「器量の堪否沙汰（能力があるかどうかの判断）もなく、もるる人なき決断所」と、皮肉を込めて述べられているのが的確である。

さらに建武元年五月に恩賞方が置かれたが、この機関の一番（東海道・東山道担当）の奉行人となっている。なお、楠木正成や名和長年も三番（畿内・山陽道・山陰道担当）と四番（南海道・西海道担当）の奉行人に補任されている。

しかし、結城親光が後醍醐からもっとも重用されたのが天皇の身辺警護であった。建武政権の軍事・警察機構としては武者所・窪所が置かれていたことが知られている。武者所は、『梅松論』によれば「新田の人々をもて頭人として諸家の輩を結番せらる」とされている。窪所についても『梅松論』によれば、結城親光や高師直等を衆中として置いたとされている。この窪所はよくわかっていないが、天皇の親衛軍のような位置付けではないかといわれており、武者所は洛中とその近辺、窪所は朝廷の警護を主たる任務にしていたのではないかと推測されている。

親光は天皇の側近として治安維持に関わり、警護の役目を担うということで「肩で風を切って歩くような」栄誉に属したのであり、検非違使、左衛門尉というような官職も与えられている。親光が関わったもっとも有名なものは、護良親王が内裏内で後醍醐天皇の命令で拘束されて鎌倉に流されたときの事件である。『保暦間記』によれば、「護良親王は世の動きが面白くないので、自分の二歳になる宮を天皇にして、尊氏以下の武士を討って天下をわがものにしようと思い立ったのであるが、それが漏れてしまったことにより、天皇は驚いて十月二十日（『梅松論』では二十二日としている）に拘束した」というのである。このときの状況について、『太平記』は天皇が「中殿（清涼殿）の御会」に托して護良を召したので、護良は前駆二人、侍十余人を召し連れて参内したところ、「結城判官（親光）、伯耆守（名和長年）二人、兼ねてより勅を承て、用意したりければ、鈴の間の辺に待受て、是を捕奉る。則ち馬場殿に押籠め奉る」と論じている。なお「御会」とは和歌の会と推定されている。『梅松論』では武者所に押し籠めたとされている。『大乗院日記目録』も、結城親光と名和長年が護良を召し捕らえたと書いている。

さらにもう一つの事件で重要な役割を演じている。建武二年六月二十二日に権大納言西園寺公宗が捕らえられた。彼を捕縛した理由は、鎌倉幕府最後の得宗であった北条高時の弟である泰家（改名して時興）をかくまい、建武政権の転覆を企てたからであるという。周知のように西園寺氏は鎌倉時代においては関東申次であり、旧政権と深い関係にあった。それゆえ、洛中に潜んで事を起こそうとしていた泰家をかくまったのである。『太平記』によれば、次の月七月に「中先代の乱」を起こした北条時行と連携して、京都と関東の両地域で反建武政権の挙兵をするつもりであったとされている。しかしこれは、公宗の弟公重の通報で政権側に漏れてしまった。そのために公宗の召し捕りとなったのである。

この捕縛にも親光は参加していた。『太平記』（巻十三、「北山殿謀叛事」）によれば、後醍醐天皇の命令により、中院定平に結城親光、名和長年を添えて二千余騎で北山の西園寺邸を囲んだという。公宗を捕らえた後、親光は西園寺家の家司である三善文衡を自分の家に押し込め、「夜昼三日まで、上げつ下げつ拷問せられけるに、残るところなく、白状しければ、則ち、六条河原へ引出して、首を刎ねられけり」というようなことを行ったのである。公宗も配所へ下る途中に処刑された。

なお、彼は「太田大夫判官親光」と呼ばれているが、太田と称したのは武蔵国太田荘が結城氏一族に与えられたことによるのではないかと推測されている（村井章介・戸谷穂高『新訂白河結城家文書集成』「総説白河結城家とその文書」）。

建武政権の中で、「わが世の春」を謳歌していたのは親光だけではなかった。千種忠顕・楠木正成・名和長年らも同様に羽振りがよかった。

千種忠顕は学問で朝廷に仕える中流公家の出身であったが、『太平記』によれば武士の行う「笠懸(かさがけ)・犬追物(いぬおうもの)」を好み、博打・淫乱をしたために父親から勘当されたと述べられている。しかし、彼は後醍醐の寵愛を受け、配流先の隠岐国まで随行して終始行動をともにしたので、新政権が成立すると頭中将(とうのちゅうじょう)という高い地位に就き、多くの所領を得て栄耀栄華にふけったのである。

楠木正成は河内国あたりの土豪で悪党であったが、周知のように畿内ではゲリラ的な戦闘方法で幕府軍を悩ませたことにより、討幕に力を発揮して抜群の功績をあげたのである。動乱の初期に湊川(みなとがわ)（神戸市中央区・兵庫区）で戦死するのであるが、後醍醐の信任はきわめて厚かった。

名和長年は隠岐から逃れた後醍醐をかくまい、伯耆国の船上山で幕府軍を迎え撃ち、長年も後醍醐の権力奪還に大功をあげた。彼は鎌倉時代、山陰・日本海で海賊的な商業活動に従事していたのではないかといわれている。

『太平記』は、世の人々が彼らを「三木一草(さんぼくいっそう)」と呼び、その栄達をやっかみ半分にもてはやしたと記している。「三木」とは結城・楠木・伯耆と「き」の字が最後につくからそう呼んだのである。なお、伯耆は名和長年が伯耆守に任じられていたため、「ほうき」の「き」をとっているのである。「一草」とは千種（「ぐさ」＝「草」＝「そう」）のことである。なお、名和長年がかぶっていた公家が用いる烏帽子が「異様な形」をしていたので、そのような烏帽子を「伯耆様」といって囃し立てたという。このように短期間で成り上がり、一世を風靡した者たちはその没落も早かった。

南北朝動乱の幕があがる

建武政権は順風満帆で船出したようであった。だが、地方では旧政権の北条氏につながりを持つ勢力が虎視眈々と新政権の転覆をねらっていた。ことに奥羽の地は、北条氏の所領が多く存在したことにより、北奥羽では反建武政権の動きもみられ、大いに警戒しなければならない地域であった。それゆえ、北畠顕家はかなり強い権限を持って奥羽に下ってきたのであり、下向するとすぐさま北奥に手をつけた。そして建武元年（一三三四）の暮れまでに北奥の北条氏の残党を鎮圧したが、情勢は安定しなかった。翌年になると、東国の各地から建武政権を脅かす反乱がおこってきた。そしてそれは「中先代の乱」と呼ばれるものになっていくのである。

建武元年から二年（一三三五）にかけ、北条氏と関係が深かった各地に小さな反乱がおこってきた。これらの反乱はいずれも大事にいたらず鎮圧されたのであるが、これらのことが積み重なっていくと、大きな反乱になっていくのである。信濃国諏訪でかくまわれていた北条高時の遺児時行が反旗を掲げたのは、建武二年七月のことであった。実は、この前月の六月に洛中においても大事件が起こっていた。高時の弟である泰家（時興）がひそかに京都市中に潜入して、鎌倉幕府とつながりが深かった西園寺公宗邸にかくまわれており、新政権転覆の機会をうかがっていたのである。ところが、このことを知った公宗の弟である公重が政府に通報したので、陰謀は発覚して未然に阻止され公宗らは捕縛されたのであった。『太平記』によれば、この捕縛に結城親光・名和長年らが関与していたという。このことについてはすでに述べた。

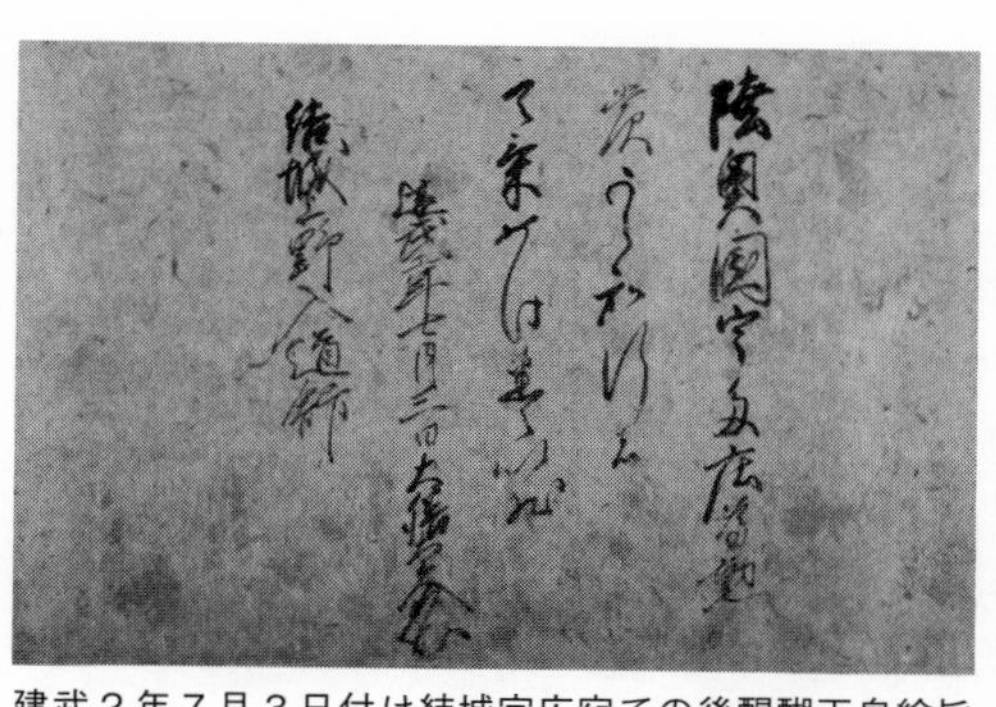

建武２年７月３日付け結城宗広宛ての後醍醐天皇綸旨
三重県津市・結城神社蔵　写真提供：石水博物館

これらの動きは、北条一族が東国と京都で同時に兵を挙げて建武政権を転覆させようとする計画であったと推測される。だが京都側の動きが漏れて失敗してしまったので、東国のみで決行することになったのである。信濃国で蜂起した時行軍は初期の段階では快進撃を続けた。信濃国で守護小笠原貞宗の軍を破り、上野国に出て武蔵国に進軍し、同国の小手指原（埼玉県所沢市）・府中（東京都府中市）などに敷いた新政権側の防衛線を打ち破り、鎌倉に迫っていった。

建武２年８月９日付け結城宗広宛て陸奥国国宣　結城盛広の所領を宗広に預け置いた国宣である　三重県津市・結城神社蔵　写真提供：石水博物館

建武２年８月17日付け陸奥国国宣　三重県津市・結城神社蔵　写真提供：石水博物館
（２点とも100～101頁に関連した文書である）

当時、鎌倉を守っていたのは足利直義であったが、彼は鎌倉を出て井出沢（いでさわ）（東京都町田市）で時行軍と戦ったが大敗北を喫し、鎌倉を守らずに一路、東海道を西に敗走したのである。このとき、鎌倉に流されていた政敵である護良親王を家臣を派遣して殺害させたことはよく知られている。

ところで、護良が鎌倉に流されたときに結城親光が一枚かんでいた。建武元年十月二十二日、護良は後醍醐の呼び出しで参内したところを捕らえられて鎌倉に流されたのであるが、彼を捕縛したのは『太平記』によると、前述したように結城判官（結城親光）・伯耆守（名和長年）の二人であったという。「あらかじめ勅命（後醍醐の命令）を受けて用意していたので、鈴の間のあたりで待ち受けて彼を捕縛して、すぐさま馬場殿（馬術の観覧の建物）に押し込めた」としている。

護良が捕らわれた理由は、もう一つ定かではない。護良親王は帝位を奪おうとしていると尊氏が後醍醐に讒言したので、天皇が激怒したという「尊氏の謀略」（『太平記』が述べている）がその理由といわれている。だがもう一つ説がある。後醍醐天皇が主導したもので、護良の子供を帝位につけようと護良が画策しているとして、後醍醐天皇その人が新田義貞や名和長年にひそかに命令して護良を捕らえたとする説（『梅松論』）があり、このほうが真相に近いようであるが、真相は不明である。

尊氏が反旗をひるがえす

北条時行が起こしたこの東国での反乱を「中先代の乱」と呼んでいるが、直義は西に逃げ下り、ようやく足利氏の領国である三河国に留まって、退勢を立て直そうとしたのである。この直義の敗北の報が京都に伝わると、尊氏は中先代の乱を鎮圧するために関東に下向することを後醍醐に願い出ている。しかし、後醍醐と尊氏との間は意思の疎通を欠いており、尊氏を征夷大将軍に補任するかどうかという大問題を「棚上げ」にしたまま、八月二日に尊氏は大軍を率い、京都を離れて東海道を下っていった。

三河で直義と合流した尊氏は破竹の勢いで進軍し、十九日には鎌倉を占拠していた時行軍を破り、鎌倉を奪還したのである。後醍醐は尊氏軍の勝利の知らせを聞くと、速やかに上洛することを命令するとともに、東国で彼が勝手な行動をすることを禁止した。しかし、尊氏はこれらの命を無視して鎌倉に居座り、後醍醐と尊氏の間は次第に敵対関係に入っていき、尊氏の建武政権への反乱となっていったのである。

京都と鎌倉との間でさまざまな交渉があったが、次第に両者の溝は深くなり、相互に戦闘態勢を整えていった。十一月になると、後醍醐は奥羽の北畠顕家を鎮守府将軍に任じて鎌倉を背後から牽制し、同月十九日には、新田義貞を中心とする尊氏討伐軍が京都を出発した。いよいよ足利と新田の両雄が相まみえ、全面的な戦争となったのである。

東国に進軍してきた後醍醐勢を尊氏は箱根竹の下（静岡県小山町）で撃破して、さらに伊豆の国府（同三島市）に進んで義貞軍を完全に打ち破った。あえなく敗れた義貞は京都を目指して敗走し、それを尊氏軍が追撃して京都に入った。次の年の正月十一日のことである。

中先代の乱と白河結城一族の動向について触れておこう。北条時行が反乱を起こすと、奥羽でもそれに加担するものが出現してきた。その中の一人に、白河荘北方の領主であった結城氏一族の結城盛広（宗広の伯父広綱の子）がいた。建武二年八月九日の日付の顕家が結城宗広に宛てた陸奥国国宣によれば、「結城摂津入道（盛広）跡の事、坂東凶徒に与同のよし、その聞こえあり、落居のほど預け置かるる所なり」（二―五〇）とある。坂東凶徒すなわち北条時行に盛広が与したので、顕家は盛広の所領を没収し、宗広に預け置くとしているのである。さらに九月二十四日の国宣により、正式に勲功賞として宗広に宛がわれた。さらに十一月十五日の太政官符によって決定されている。

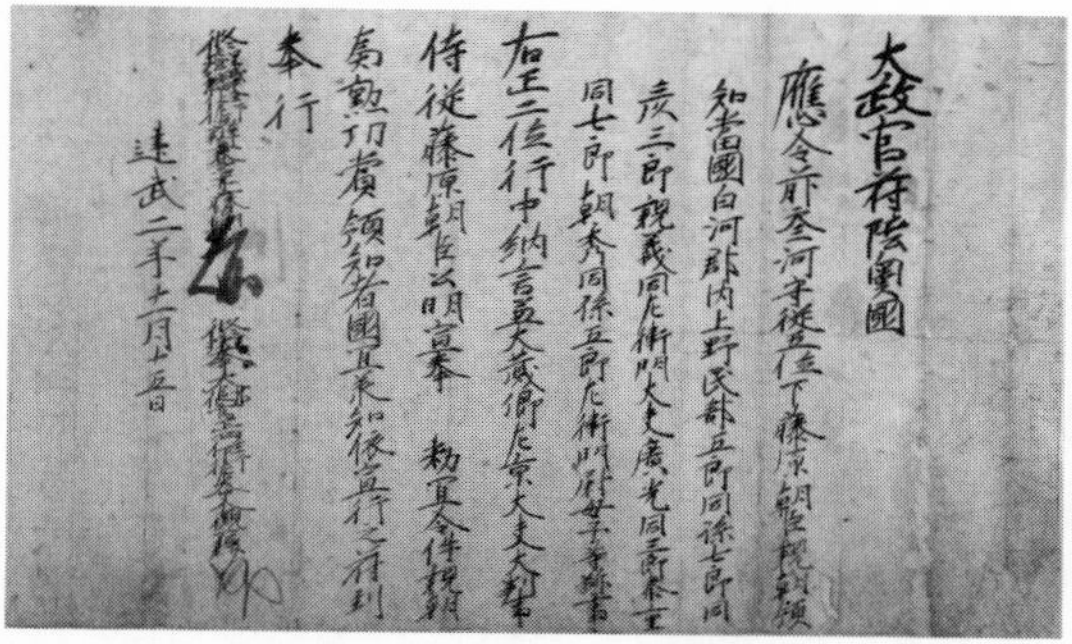

　太政官符の発布以前の十月二十六日に、白河・高野・岩瀬・安積郡、石河・田村庄、依上・小野保の検断が結城親朝に陸奥国国宣で宛がわれている。時行の反乱は、白河結城氏の大きな飛躍につながったのである。

建武２年11月15日付け太政官符　三重県津市・結城神社蔵
写真提供：石水博物館

結城親光の戦死

　尊氏軍が怒涛のごとく京都に進軍してくると、後醍醐天皇は洛

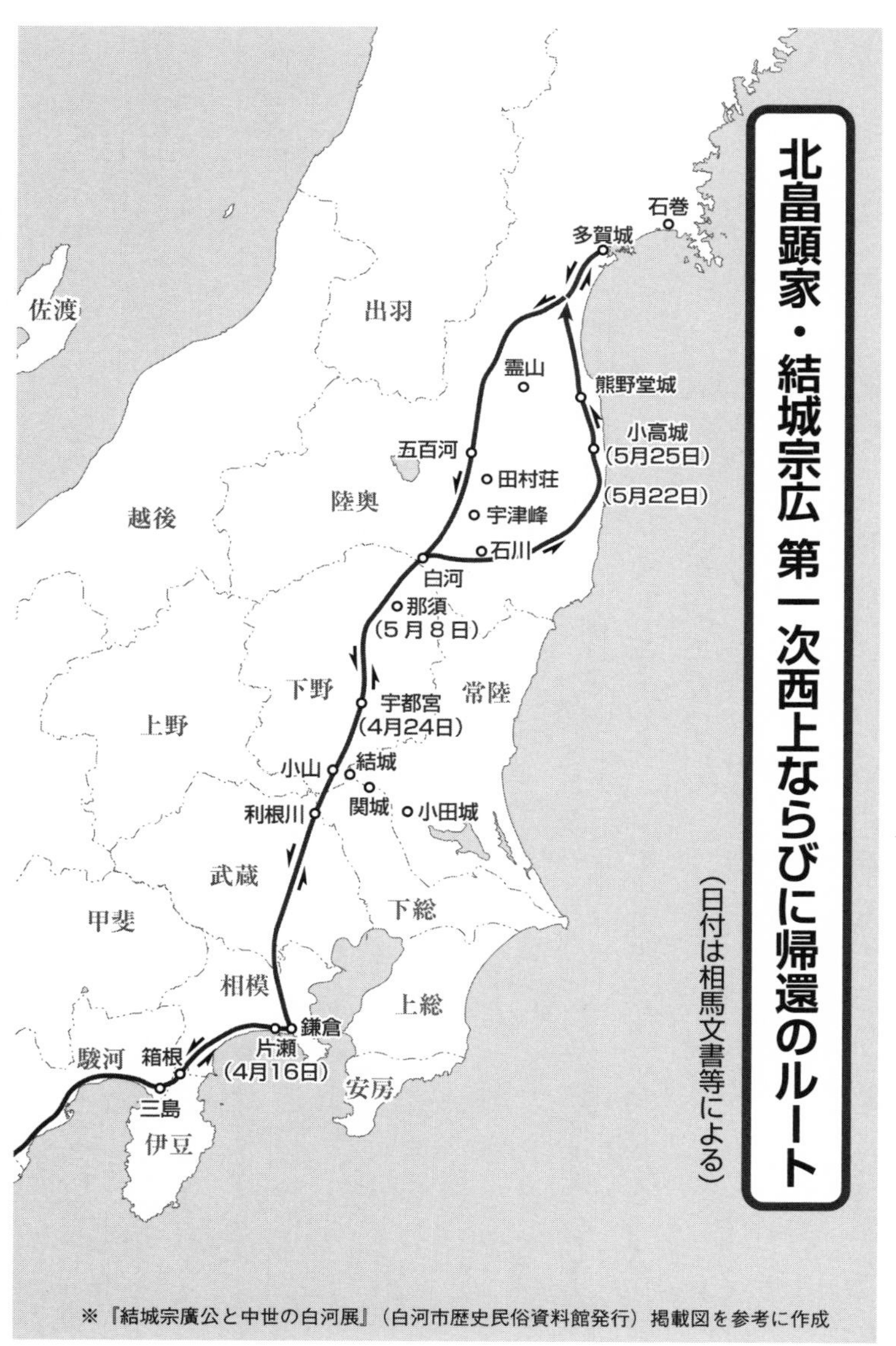
北畠顕家・結城宗広 第一次西上ならびに帰還のルート
（日付は相馬文書等による）
石巻
多賀城
佐渡
出羽
霊山
熊野堂城
小高城
（5月25日）
（5月22日）
五百河
田村荘
宇津峰
陸奥
越後
石川
白河
那須
（5月8日）
下野
常陸
宇都宮
（4月24日）
上野
小山
結城
関城
利根川
小田城
武蔵
下総
甲斐
相模
上総
鎌倉
片瀬
（4月16日）
駿河
箱根
三島
安房
伊豆
※『結城宗廣公と中世の白河展』（白河市歴史民俗資料館発行）掲載図を参考に作成

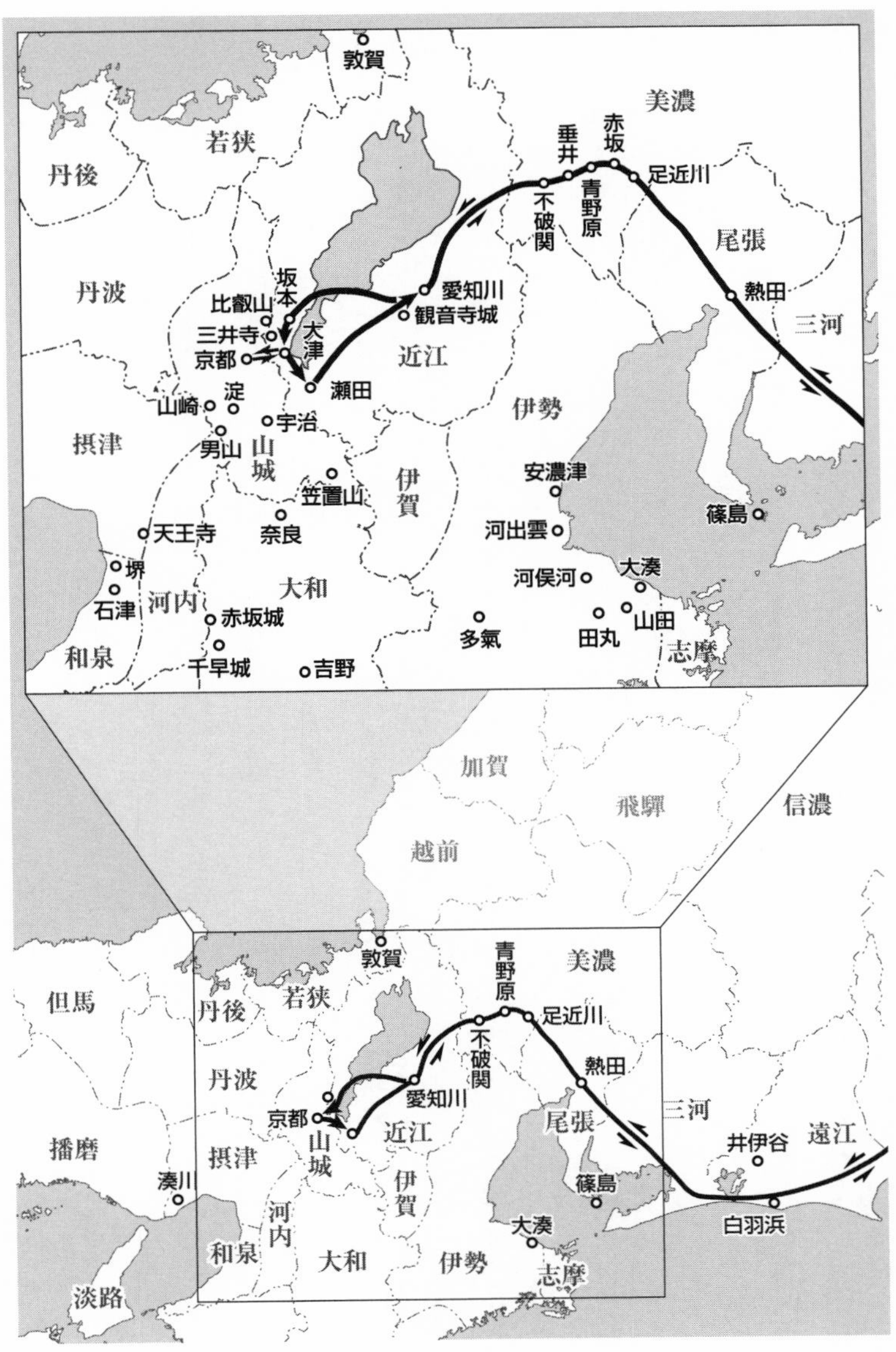
敦賀
美濃
若狭
丹後
赤坂
垂井
青野原
足近川
不破関
尾張
丹波
坂本
比叡山
愛知川
観音寺城
三井寺
大津
京都
近江
熱田
三河
瀬田
山崎
淀
宇治
伊勢
摂津
男山
山城
伊賀
安濃津
笠置山
篠島
天王寺
奈良
河出雲
堺
石津
河内
大和
河俣河
大湊
赤坂城
山田
多氣
田丸
和泉
千早城
吉野
志摩
加賀
飛驒
信濃
越前
但馬
播磨
湊川
遠江
井伊谷
白羽浜
淡路

中に留まることが困難となったため、彼は近江坂本（大津市）にいたり、さらに比叡山に逃れようとした。結城親光は、中先代の乱が勃発する直前に起こった西園寺公宗の逮捕で後醍醐の指示を受けて関わっていたように、側近として信任が厚かった。その親光は関東に向かった新田義貞軍に同道せず、洛中を守護する任務に就いていたのであるが、彼の死はいかにも後醍醐の側近らしい死に方であった。

『太平記』は「将軍入洛の事付けたり親光討ち死にの事」との一節を設けて彼の死を描いている。それによると、「山門に逃れようとしていた後醍醐に供奉しようとしたが、もはや再起はできないであろうから、何とかして尊氏を討とうと、わざと都に留まっていた」という。降参のことを大友貞載をとおして尊氏に申し入れたところ、尊氏は「これは親光の本心ではなく、尊氏を騙そうとしているのではないかと疑い、真偽を確かめるために大友を親光のもとに遣わした」という。大友と会った親光は、大友が「降参の法に従って物の具（武器等）を捨てよと強要したこと」から尊氏の魂胆を見抜き、太刀を抜いて打ちかかり、馬より切り落として殺害してしまうのである。そして大友の家臣三百人と戦い、親光の家臣らとともに討ち死にをしたと述べている。

足利方から動乱を記した『梅松論』にも親光の死の記述が存在しており、親光をたたえて「武士たるもの誰もかくこそあれ」と述べているが、それを見てみよう。その内容は『太平記』とほぼ同じだが、親光が後醍醐天皇に拝謁した後、偽って大友に降参を申し込んだので、大友が尊氏のもとに案内する途中で「降参の法」を要求したので切りつけたとし、大友は傷を負いながら親光の首を尊氏のもとに持参したというものである。この件について「清原資頼代平三資氏軍忠状」（二―六七）に「正月十一日に太田判官（結城親光）一族益戸七郎左衛門尉の首を分捕った」とあることから、このときに親光が討ち死にしたことは誤りないだろう。また、北畠親房も正月十三日に宗広に書状を発し、親光の忠節を称賛しているのである（二―七〇）。

なお、この「益戸」は梅松論によれば益戸下野守で、系図によれば常陸国の領主で実名は顕助という、一族関係は結城氏の祖である小山政光までさかのぼるという。

付け加えるならば、もし「偽りの降伏」のことがほんとうならば、この策謀は親光から出たものではなく、後醍醐がひそかに「信任している」親光に授けたものであろう。策謀・陰謀家としての後醍醐の顔は「正中の変」以後、さまざまなところに現われているからである。

奥羽軍の上洛

奥羽の地はどうなったのであろうか。尊氏が鎌倉で反旗をひるがえしたとき、京都から義貞軍を東国に進軍させ、奥羽から顕家軍（奥羽軍）を南下させて、北と西から尊氏軍を挟撃し尊氏方を打ち破るというのが後醍醐方の戦略であった。だが、顕家は奥羽において軍勢を集めるのにてまどった。体制が整い、奥羽軍が多賀国府を進発したのは、義貞軍が箱根で大敗を喫した十日後の十二月二十二日のことであった。

顕家に従ったのは父の親房は当然のこととして、陸奥国府の支配下にあった主要な武将のほとんどが従軍した。結城宗広・親朝父子をはじめ、北奥羽からは南部師行（もろゆき）等、南奥羽からは伊達行朝・田村庄司（しょうじ）等の仙道（福島県中通り）の諸将が続々と参陣してきて、二万余の大軍なったという。ことに結城親朝に対しては、鎮守府将軍たる北畠顕家が「侍大将として、軍忠の奉行せらるべきの由の事、令旨これを遣わさる」との袖判御教書（二―六四）を発しており、また、義良親王の令旨も出されている（二―六八）。

これに対して迎え撃つ足利方の盟主は、尊氏の三男義詮（よしあきら）を頂いた斯波家長（しばいえなが）であった。建武二年（一三三五）八月末ころに、家長はまだ北奥羽にいたようだが、尊氏から「陸奥守兼奥州大将軍」に任じられた。これは顕家の陸奥守兼鎮守府将軍に対抗するためのものといわれている。家長を鎌倉に呼び寄せ、そこに留め置いたのは、尊氏が軍勢を率いて上洛したあとに背後をつかれないよう、進軍してくる顕家軍への対抗処置であった。彼は佐竹（さたけ）氏らの関東の武将、相馬・伊賀・石川氏らの南奥の武士たちを結集して顕家軍と対峙することをもくろんだが、このときは両軍が正面衝突するという事態には至らなかった。家長が鎌倉で態勢を整える前に、奥羽軍は鎌倉を越えて京都に進軍したのである。

奥羽軍は建武三年（一三三六）一月十二日に近江国愛知川（滋賀県愛荘町）に到着したが、これは尊氏が京都を占拠し、後醍醐が坂本にいたった翌日のことであった。そして尊氏が洛中を掌握しようとしている最中に、結城親光が戦死したことはすでに述べた。この日、後醍醐は一通の綸旨を宗広宛てに発した。そこには、「参洛せしむのよし、もっともって神妙なり、この間、御祈祷のため日吉社に臨幸し、東国の軍兵をあい待ち、ことごとく朝敵を対治（退治）せらるべきのよし、思しめすなり」（二―六九）と、奥羽軍の到着を待ちわびている綸旨を発しているのである。

さて西上してきた奥羽軍は獅子奮迅の働きをし、尊氏勢を都から追い落とすのに大きな役割を演じた。近江に到着した日、観音寺城を陥落させて初戦を飾り、尊氏方であった園城寺（三井寺。大津市）を攻め落とし、義貞軍とともに逢坂関・山科（京都市山科区）で尊氏軍の高師直と戦ってこれを破り、さらに洛中に進出していった。一月二十七・八日、市中で両軍の激戦となり、奥羽軍・義貞軍が勝利して尊氏軍を洛中から追い払い、京都を奪還した。その後、尊氏らは摂津国豊島（大阪府箕面市・池田市）の合戦でも敗退して九州に敗走するのである。

この結果、後醍醐は京都に帰還し、年号を「延元」と改めるとともに、この戦闘の論功行賞を発した。奥羽軍の名目上の大将である義良親王は元服して三品（親王の位階で三位にあたる）に叙せられ、顕家は権中納言・検非違使別当に任じられた。また、結城宗広・親朝父子にも恩賞が与えられた。

宗広には三河国渥美郡内野田・高足・細谷・大岩・若見・赤羽・弥熊・由胡・岩崎郷、備中国荏原・草間両条、駿河国須津河郷（同国藍沢御厨内大踏間在家の替わり）などの所領を与えた。そして、奥羽の軍勢が奥州に帰還する直前の三月二十日に、内裏であった花山院（かざんいん）に召しだされて後醍醐天皇から直接に感謝の言葉をかけられた。それについて宗広の覚書には、「道忠（どうちゅう）（宗広）は公家の宝であるとお思いになっており、京都に留め置きたいと考えておいでであるが、奥州においてもなくてはならない者であると（天皇が）お聴きになって奥州に下し遣わされるのである。よく心えて忠節をいたされたい」と天皇が言って、「お守りにするように」と関東でも有名な鬼丸（おにまる）という太刀を下されたということがメモされている（「結城宗広覚書案」、二―七八）。武士に対するこのようなことは、今まで例のない異例なことであった。

親朝に対しては、下野国守護職が与えられた（しかし、すぐに動乱となり実質上は下野国守護としての職務を果たすことはできなかったと考えられる）。これは本来、小山氏が補任されるものであったが、結城親朝に与えられたのはまことに名誉なことであったといえる。また、顕家に従軍した奥羽の他の諸氏も何らかの恩賞を受けたと考えられる。

国府を捨てて霊山へ

さて、奥羽の諸氏は長く京都に留まることはできなかった。奥羽を留守にしている間に、足利方が各地で勢力を拡大してうごめいていた。ことに東国の足利方の総大将になっていた斯波家長は、手ごわい存在であった。奥羽の諸氏は恩賞を受けると、すぐさま帰国の途についた。建武三年（一三三六）三月下旬のことであり、春が遅い奥羽の地でも農耕シーズンに入っていた。手作り地などを持っている武士たちは焦り始めていた。

奥羽への道は平坦ではなく、各地で足利軍と戦闘を繰り返し、四月十六日に鎌倉近郊で斯波家長軍と戦ってこれを退け、二十四日に宇都宮（宇都宮市）にいたり、五月にようやく奥羽に帰ってきた。ところで、鎌倉における足利軍との決戦の直前の四月二日、宗広は孫の顕朝(あきとも)に陸奥国内・下総・下野・三河の所領を譲り与えている（このことは後でも触れる）。これは足利軍との戦いを前にして、宗広や親朝の戦死をも覚悟した決死の意志を示したものといわれている。

帰国した奥羽の情勢は、南朝方の武士にとって厳しいものがあった。南奥羽においては、相馬・岩城・伊賀・石川・安積氏らが続々と足利方になっていた（多くの諸氏は一族が両派に分裂した）。そこで顕家は、帰途において掃討作戦を展開し、五月二十五日に小高城(おだか)（福島県南相馬市）を攻撃してそれを落とし、相馬氏一族に大きな打撃を与え、石川氏をも攻めた。このような状況をみた足利方の斯波家長軍も反

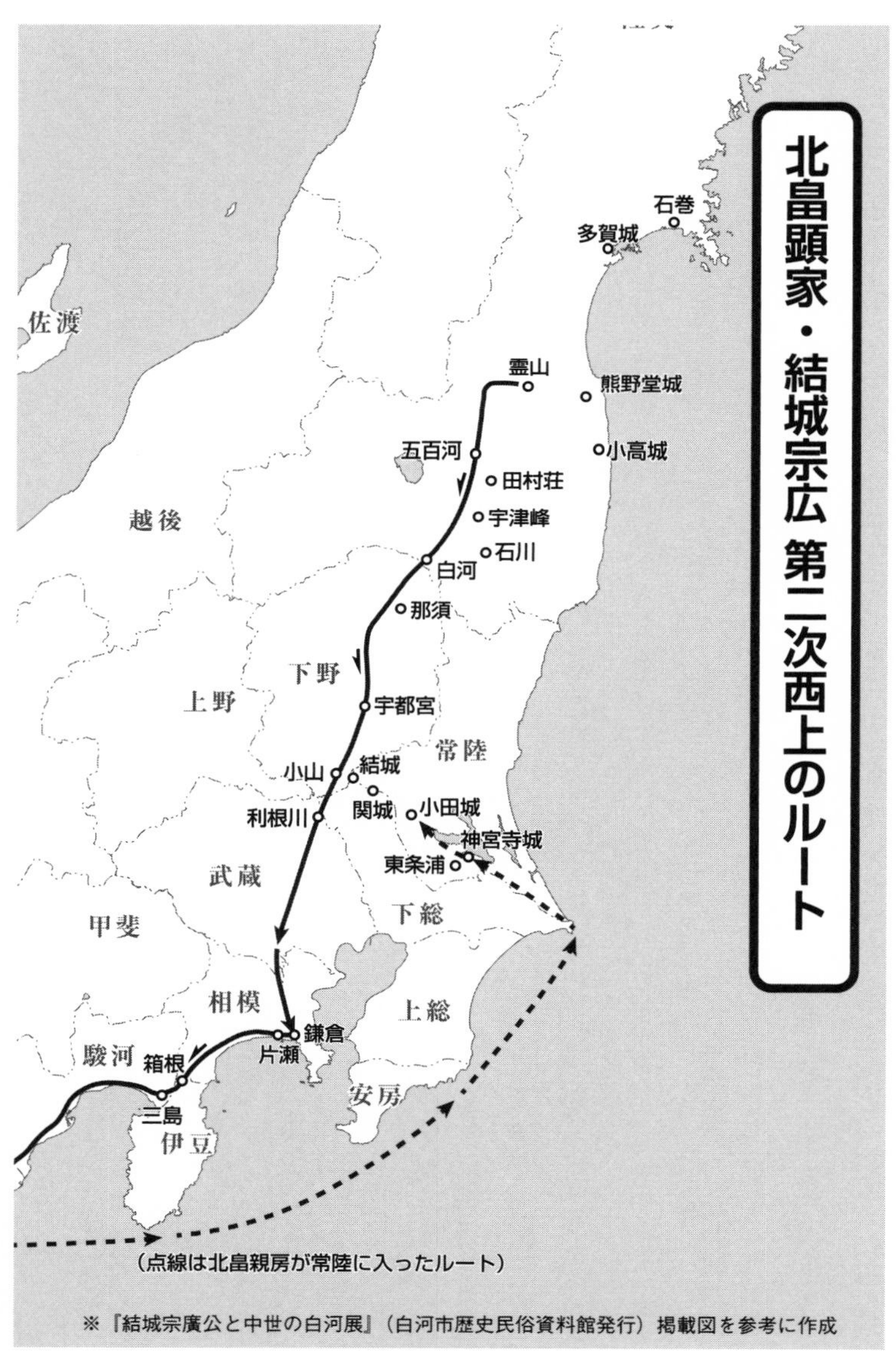
北畠顕家・結城宗広 第二次西上のルート
石巻
多賀城
佐渡
霊山
熊野堂城
五百河
小高城
田村荘
宇津峰
越後
石川
白河
那須
下野
宇都宮
上野
常陸
小山
結城
関城
小田城
利根川
神宮寺城
東条浦
武蔵
下総
甲斐
相模
上総
鎌倉
片瀬
駿河
箱根
安房
三島
伊豆
（点線は北畠親房が常陸に入ったルート）
※『結城宗廣公と中世の白河展』（白河市歴史民俗資料館発行）掲載図を参考に作成

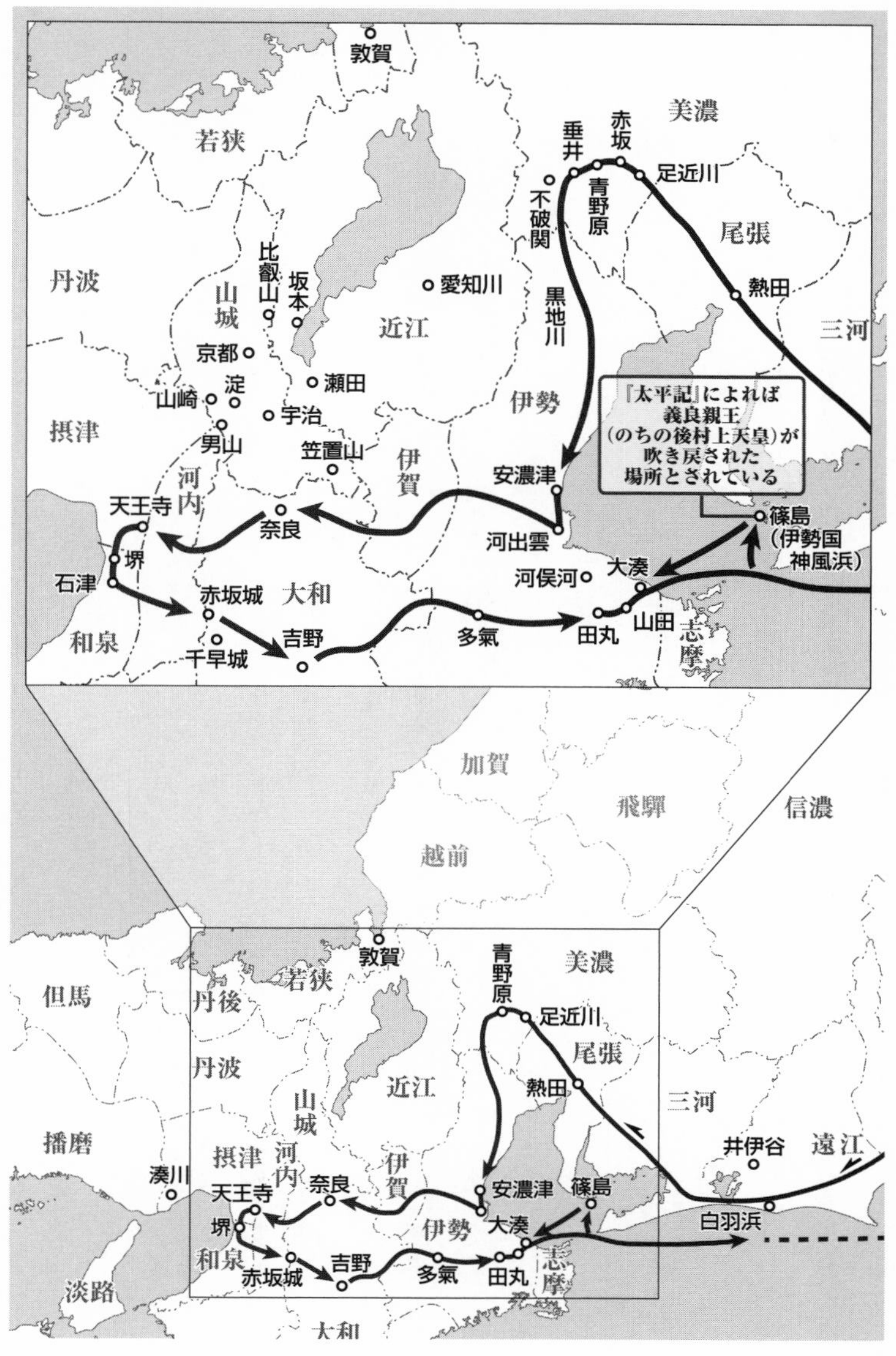
敦賀
若狭
美濃
垂井
赤坂
足近川
不破関
青野原
尾張
丹波
比叡山
坂本
愛知川
熱田
山城
近江
黒地川
三河
京都
淀
瀬田
山崎
宇治
伊勢
『太平記』によれば
義良親王
（のちの後村上天皇）が
吹き戻された
場所とされている
摂津
男山
笠置山
伊賀
安濃津
河内
天王寺
奈良
篠島
（伊勢国
神風浜）
河出雲
堺
大湊
河俣河
石津
赤坂城
大和
山田
田丸
多氣
志摩
和泉
吉野
千早城
加賀
飛騨
信濃
越前
敦賀
青野原
美濃
但馬
若狭
丹後
足近川
尾張
丹波
近江
熱田
山城
三河
播磨
井伊谷
遠江
湊川
摂津
河内
伊賀
奈良
安濃津
篠島
天王寺
堺
伊勢
大湊
白羽浜
和泉
吉野
赤坂城
多氣
田丸
志摩
淡路
大和

撃に転じ、七月から十二月にかけて北関東から南奥羽にかけて多くのところで激しい攻防戦が続いた。

東国における後醍醐方と足利方の戦いの帰趨は、常陸国の両軍の攻防が大きく影響し、その経緯によって東国の政治・軍事情勢が変化していった。この段階において常陸国で一つの画期となる戦いがあった。この年（建武三年）の十二月十一日、北関東の南朝方の拠点であった常陸国瓜連城（茨城県那珂市）が足利方の猛攻を受けて陥落した。これにより、南朝方と足利方の東国・奥羽の形勢が一挙に逆転する。北関東の常陸や下野の態勢を足利がおさえるようになったのである。

また、今まで顕家に従っていた多賀国府近辺の武士層も次第に足利方に寝返り始めた。例えば、国府近辺の有力武士である留守氏も南朝方と足利方に分裂するのである。そのため、足利軍も次第に国府に迫ってきた。平地に拠点がある多賀国府に危機感を持った顕家は、とうとう国府を拠点にすることを見限り、義良親王を奉じて結城宗広や伊達行朝らとともに伊達郡の霊山（福島県伊達市）に立て籠もることになった。寒風吹きすさぶ延元二年（建武四、一三三七）正月八日のことであった。

霊山の山頂（標高八二〇メートル）のすぐ下には霊山城の礎石が残されており、山城である霊山城がしのばれるのである。なぜ、霊山が選ばれたかといえば、守りに易く、攻めるに難しい天然の要害であるばかりでなく、この地は南朝勢力にきわめて都合の良い地であった。霊山は西に伊達氏の本拠地をのぞみ、北は金原保、東は宇多荘に接するが、いずれも結城氏が支配する所領であり、少し離れているが結城氏の本拠地も存在していた。いざというときには、攻守の拠点となりうる地域環境であった。

霊山城　阿武隈山地の最高峰・霊山山頂に縄張りされた天嶮要害の城である　福島県伊達市

『太平記』は顕家の霊山への移動について、「顕家卿に従う郎従らは皆逃げうせて、その勢力は微々たるものになってしまったので、わずかに伊達郡の霊山の城一つを守っており、その状況は有っても無いような状況で存在していた」という。顕家軍は凋落してしまい、霊山城一つを維持しているのみと簡単に触れているだけである。だが、この後に顕家が奥羽の大軍を率いて畿内に攻め込む状況を勘案すれば、『太平記』のこの認識はかなり間違っているものと考えられる。

情勢の転換と奥羽軍の再度の西上

確かに、奥羽において南朝軍は次第に不利な状況をむかえつつあった。このような中、畿内では情勢が大きく転換していった。尊氏・直義軍が勢力を盛り返してきたのである。京都を追われた尊氏は九州へ逃げ下り、態勢を立て直そうとした。なぜ、九州に逃げたかというと、建武政権下で何らかの支配権を持っていたのではないかといわれている。敗走の途中で、尊氏は持明院統（後の北朝）の光厳上皇と連絡を取り、「天下を君（天皇）と君との戦いにして合戦しよう」といって上皇の院宣を得ていた。以後、この院宣が尊氏の行動を正当化することになるのである。

　九州で南朝勢を破り勢力を回復した尊氏軍は、建武三年（一三三六）四月二日に上洛を開始した。尊氏は海路で、直義は山陽道を攻めあがった。あまりにも早い尊氏の態勢の立て直しに、後醍醐方は戸惑った。迎え撃つ総大将の新田義貞軍も播磨まで進んだが、足利方の赤松軍（建武政権成立のときには大きな役割を果たしたのであるが、このころには足利方となっていた）にさえぎられ、いたずらに日々を浪費するのみであった。みかねた後醍醐は楠木正成を義貞軍の支援のために派遣したが、その正成は湊川で敗死してしまうのである。五月二十二日のことであった。

　京都を持ちこたえられないと観念した後醍醐は再度、京を出奔して比叡山に逃れた。九州から進軍してきた尊氏は持明院統をかつぎ、光厳上皇の弟の光明天皇が即位した（北朝という）。後醍醐は比叡山で十月まで持ちこたえたが、とうとう降伏して下山した。この降伏は和睦という形式をとり、両統迭立（大覚寺統と持明院統が交互に天皇を立てること）を踏襲するという内容であった。鎌倉末期は両統迭立であったからである。しかし、この約束が守られるという保証はどこにもなかった。そして、下山した後醍醐は花山院に幽閉されてしまった。このような事態となり、後醍醐は意を決して十二月二十一日に京都を脱出して吉野に逃れ、そこで京都の朝廷と異なる朝廷を組織したのである（南朝という）。ここに南北両朝が成立するのである。

後醍醐が京都を脱出した半月後に、顕家は霊山に移っている。顕家が霊山で態勢を固めようとしていたときに、後醍醐から再度の上洛の要望が矢継ぎ早に届いた。後醍醐は前回の奥羽軍の奮闘が忘れられず、京都奪還の切り札として奥羽軍の上洛を強く要請してきたのである。霊山に移動して態勢も整わない中での上洛は、そうとう危ういものであった。しかし、吉野からの強い要請に顕家は抵抗できなかった。足利方の攻撃を受けて南朝方の拠点が次々に奪われていく中、八月十一日に霊山を発ち、上洛を開始した。この行軍は乾坤一擲（けんこんいってき）の勝負であったが、顕家は再度、奥羽の地を踏むことはなかった。従軍した奥羽の諸氏の中でも、望郷の念にかられながら異郷の地で没したものも多かった。結城宗広もそのような中の一人であった。

顕家に従った奥羽の者たちは、北は津軽の工藤氏、糠部（ぬかのぶ）の南部氏をはじめとして、奥羽の南朝方のほぼ全員を引き連れての西上であった。もちろん結城宗広も従軍したが、今回は嫡子の親朝を足利方への押さえとして白河に残しての出発であった。関東の足利方の抵抗は頑強であり、鎌倉に入れたのはこの年の暮れであった。しかし、敵将斯波家長を敗死させるという成果を得ての鎌倉入りであった。

延元三年（一三三八）正月八日に鎌倉を発った奥羽軍は、ここから快進撃を続けて一月下旬に美濃国青野原（岐阜県大垣市・垂井町）で足利軍を撃破し、またまた奥羽軍の破壊力を見せつけたのである。この奥羽軍の進撃について、『太平記』は「（奥羽の者どもは）もともと残酷な罪を恥じない夷の連中であるから、路地の民家を打ち壊し、神社仏閣を焼き払い、この軍勢が過ぎた跡は塵を払うように街道二、三里の間には家が一宇も残らず、草木の一本もないほどである」と述べている。『太平記』の奥羽に対する夷狄認識がよくでている記述といえる。

顕家の戦死

奥羽軍は青野原の合戦で勝利したが、痛手も大きく、そのまま京都に突撃する余力はなかった。そこで京都を防衛する足利軍との激突を回避して伊勢に転進した（『太平記』は顕家が新田義貞と合体することを嫌ったからだと記している）。伊勢には顕家の父である北畠親房がいた。奥羽軍は、この伊勢から吉野にいたって後醍醐軍の一角を構成する予定であった。だが、結城宗広が「このたびの合戦において、所々で強敵を追い散らして上洛の道を開いたが、青野原の合戦においていささか損害を受けたことで、足利方が防衛する黒地川（岐阜県関ヶ原町山中の川、この彼方に近江がある）を渡ることができなかった。このまま吉野にいたることはあまりにもふがいない。そこでこの勢力をもって京都に

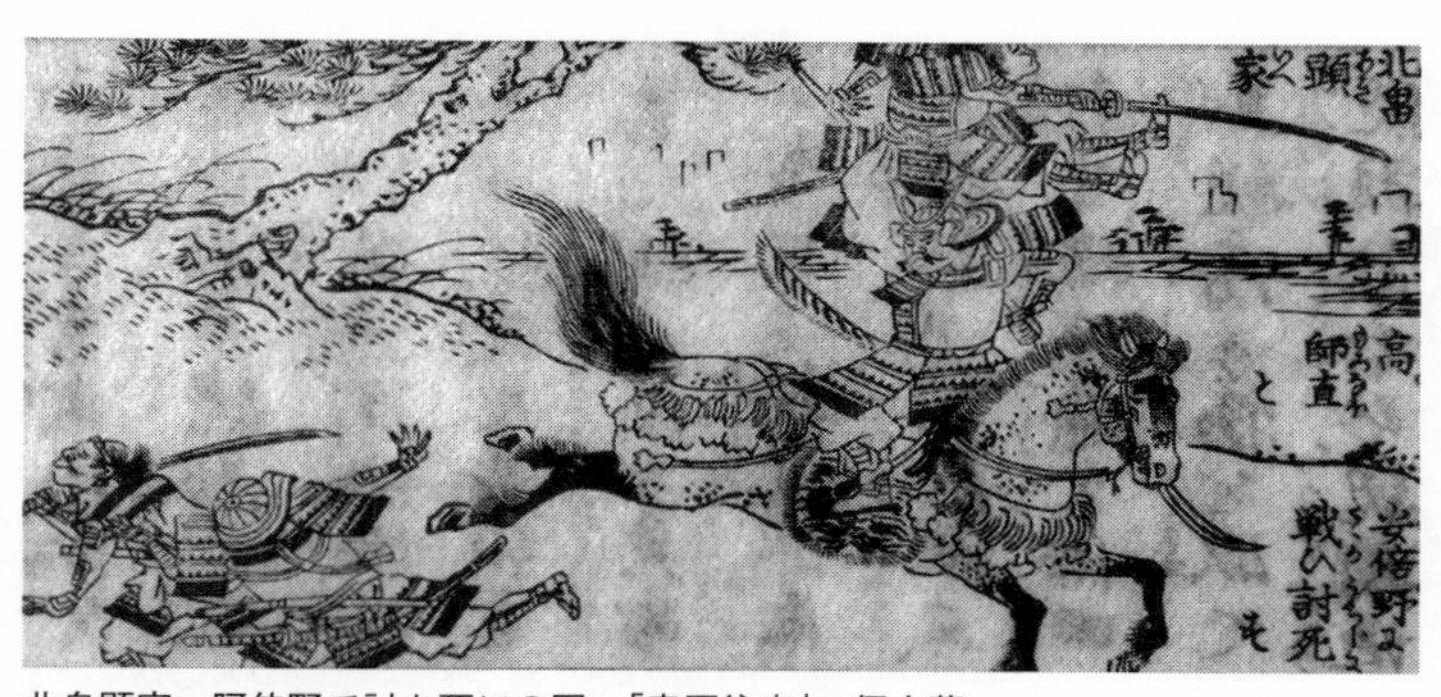

北畠顕家、阿倍野で討ち死にの図　「忠臣往来」　個人蔵

攻めあがり、朝敵を追い落としてはどうだろうか。もし敗れたら、屍（しかばね）を王城（おうじょう）に埋めることこそ本意である」（『太平記』による）と京都への攻撃を提案したのである。顕家もこの進言に同意して、伊勢から京都に進軍した。

しかし、奥羽軍は長旅であり、足利軍との多くの合戦で疲れ切っていた。それゆえ、この策謀が成功するはずもなかった。奈良から京都に向かったが、幕府の猛将高師直らにさえぎられて洛中の奪還はかなわず、河内に逃れた。顕家はここで態勢を立て直し、再度、京都を目指したが、五月二十二日、和泉国堺浦で大敗して戦死した。二十一歳であった。

顕家は戦死する一週間前、後醍醐に一通の書簡を発している。これは後醍醐天皇をいさめる諫諍状というものであった。全七か状からなるこの文書は、顕家が奥羽で苦労して学んで得た貴重な経験を、血のにじむ思いでしたためて後醍醐の政治を批判している見事な文章である。ここには中央集権制政治への批判、租税の免除、才能の

北畠顕家の墓　堺市西区

有無による人事、恩賞の与え方、女官・僧侶らの政治介入への批判、朝令暮改（命令や方針が絶えず改められ、あてにならないこと）政治への警告等々、後醍醐天皇が推し進めた建武政権への批判が鋭く書かれている（この文書は現在、醍醐寺に所蔵されている）。

大将である北畠顕家の敗死により、奥羽から従ってきた北奥の南部・工藤氏をはじめとする奥羽の有力国人の多くは討ち死にし、あるいは異郷の山野をさまよい、故郷の奥羽に帰還したものはほとんどいなかった。また、新田義貞も二か月後に北陸で討ち死にした。畿内における南朝方の敗北は決定的となり、ほぼ大勢は決したといえよう。だが、東国や鎮西（九州）には南朝勢が残存していた。

第三章　結城親朝と北畠親房

一、常陸国に漂着した親房

奥羽での再起を目指して

北畠顕家・新田義貞という南朝軍の支柱が戦死したことにより、後醍醐方の士気が著しく低下した。このようなとき、結城宗広が参内して意気消沈している諸氏を鼓舞するような提案を行っている。『太平記』によると、「国司顕家卿が三年の間に二度まで奥羽の大軍を動かして上洛したことは、出羽・陸奥の両国の皆が国司に従い、凶徒（足利方）の付け入るスキを与えなかったからである。それゆえ国人の心が変わらない前に宮（親王）を一人奥羽に下し、忠功の国人には直接、恩賞を賜い、不忠の連中をば根を切り、葉を枯らすような御沙汰を行ったならば、どうして奥羽の国人が従わないことがあろうか。きっと従うに違いない。国の地図をみると奥羽五十四郡は、あたかも日本の半国に及ぶほどである。もし、南北両軍のどちらか一方だけに兵を集めれば、四、五十万騎にも達する。宗広が宮を奉じて奥州で奮闘することができるならば、重ねて京都に攻め上がり、この敗北の恥をそそぐことは一年以内に可能である」と述べたという。

この宗広の主張は、奥羽において顕家が行ったような国府の支配体制を再興して、奥羽の国人をそこに結集させようとの考えであり、畿内の劣勢を奥羽勢力をもって逆転させようとするものであった。宗広の提案に対して、南朝は「この議げにもしかるべし（もっともである）」と賛同して、後醍醐の皇子である義良親王（後の後村上天皇）を陸奥太守となして奥羽に下すことにした。義良に付き従う面々は、陸奥介兼鎮守府将軍に任じられた北畠顕信（顕家の弟）を中心に、顕信の父北畠親房、ならびに結城宗広・伊達行朝らの畿内に残存していた奥羽の諸氏であった。このとき、北畠顕信に宛てた綸旨には「天下静謐の事、宮を扶持し奉り、重ねて義兵をあげ、急速に尊氏・直義以下の党類を追討せしめ給うべき」（延元三年七月二十七日付け、後醍醐天皇綸旨案、二―一一七）と認めてあった。

ところで、後醍醐の子である親王が下向したのは奥羽のみではなかった。この前後、京都を奪還するために各地に皇子が派遣された。たとえば、九州には懐良親王、遠江には宗良親王が下された。土佐にも花園宮が派遣されたという。地方から劣勢の畿内を包囲して、南朝側の勢いを徐々に回復させようとする策略であった。この策は奥羽では必ずしも成功しなかったが、大きな成功をおさめたのは九州であり、のちに懐良親王を盟主とする西征府（西征将軍府）が九州を席捲するのである。

延元三年（暦応元年、一三三八）九月初旬、いよいよ海路にて奥羽を目指し伊勢大湊（三重県伊勢市）を出発した。陸路は足利方が強力で、いたる所に足利勢が充満していたため海路にしたという。陸路によれば軍勢の損傷は計り知れないと予想されたからである。この南朝の船団は、義良が乗船した船を中心にして五〇〇余艘であったと『太平記』は伝えている（しかし、この数値は過大であろう）。

ところが、この船団に予期せぬことが起こった。遠江の沖合の遠州灘において暴風雨に遭遇してしまい、船団の多くは遭難して統率がとれなくなり、バラバラになってしまった。このため、義良や宗広が乗った船は伊勢に吹き戻されてしまった。北畠親房の乗船した船は常陸国東条浦（茨城県稲敷市）に漂着したのであった。また、多くの軍船が伊豆諸島や房総半島、湘南海岸付近に流れ着き、そこに乗船していた人たちは生け捕られたり、殺害されたと当時の記録は伝えている。南朝にとって不運であったが、このようにして南朝が企画した意図は完全に失敗してしまった。

結城宗広が伊勢で死去

暴風雨の中、ようやく常陸にたどり着いた親房が行ったことは、義良親王の行方を探索することであった。後で義良の乗船した船が伊勢に吹き戻され吉野に帰ったことを知り、彼は安堵しているのである。常陸に漂着した親房は霞ヶ浦のほとりの神宮寺城（茨城県稲敷市）に入ったが、この小城は十月上旬に常陸の足利方の国人である烟田氏に攻められて落城してしまう。そこを逃れた親房は当時、まだ南朝方であった小田治久の拠る筑波山のふもとの小田城（同つくば市）に入った。小田氏は鎌倉時代以来、常陸国の守護であり、その城は現在百メートル四方の平城であることが知られる。当時はもっと規模が大きかったようであり、現在でも近くの山などに城の遺構が残されている。親房はこの小田城に身を寄せ、そこを拠点に関東・奥羽の南朝方の再興をはかろうとしたのである。

ところが、宗広はその三か月後の十二月に伊勢国で死去してしまう。宗広に関する『太平記』の説話「結城入道地獄におちる事」という記事についてすでに触れたが、彼の子息親朝への遺言では、「自分は年齢が七十を過ぎ、栄華も身に余るほど受けたので、今生においては一事も思い残すことはない。ただ、このたびの上洛について、ついに朝敵を滅ぼさずに冥土への旅に出ることは、いつまでもいつまでも悔やんでも悔やみきれない妄念となって残ると思う。だから息子である親朝よ、私の後生を弔おうと思うならば、供仏施僧の作善（善根）や称名読経の追善をするな。ただ、朝敵の首をとり私の墓の前に並べよ」と言い置いて死去したという（『太平記』による）。

小田城跡　常陸小田氏代々の居城である。現在、中世の遺構を復元するための整備が行われている　茨城県つくば市

宗広の晩年の人生を顧みるに、鎌倉幕府が滅亡して建武政権が成立したことで宗広自身を含めたその一族は「栄華」に浸ったが、

結城宗広公の最期　三重県津市・結城神社蔵　写真提供：石水博物館

それも一時的なものであった。動乱の中に身を沈め、劇的に人生を終えるのである。彼の人生の前半は、平穏に鎌倉幕府の御家人として過ごしていたが、晩年にいたれば怒涛のような波乱万丈の生きざまだったといえよう。「諸行無常（しょぎょうむじょう）」というべきであろうか。

北畠親房の前半生について

白河結城宗広・親朝と深い結びつきがあったのは北畠親房であった。常陸に流れ着いた親房は宗広死去後、宗広の子供の親朝を自陣営に引っ張り込もうと苦闘している。親朝宛ての書簡が多数存在しているが、その書簡には親房の必死な思いが込められている。これについては後で論じるが、常陸にいたるまでの親房は、どのような人生を経てきた人物だったのだろうか。ここで彼について少し触れておこう。

親房の一生は建武政権の成立を境に、前半と後半の人生に大きく区分される。建武政権が成立した以後の彼の活動はすでに触れてきた。そこで、建武政権が成立する以前の親房の人生をみておこう。彼の前半生についてはわかっていない。北畠家は、村上源氏の庶流である。村上源氏の祖先の中には、鎌倉初期に活動した有名な源通親（みちちか）（親房から五代前）がいる。承久の乱以後、幕府の風下に立った朝廷側は、皇位継承をめぐって大覚寺統と持明院統に分かれて激しく争い、両統迭立という状況になっていった。公家社会の側も両派に大きく分かれていった。北畠家は大覚寺統に属して活動していたのである。

北畠家が任じられる最高の位は正二位（しょうにい）であり、極官（ごっかん）（最高の官職）は権大納言であった。この家に親房は師重（もろしげ）の長男として生まれ、家督を継いだのである。位階は生まれると従五位下（じゅごいのげ）に叙され、その後、昇進して十六歳で従三位（じゅさんみ）になった。しかし、彼はその後に父祖と比較して異例の昇進をとげた。三十三歳のときに家の極官を越えて大納言に任じられた。さらに異例なことに、源氏の長者が任じられることになっている奨学院と淳和院（じゅんないん）の両別当に補任されたのである。これは源氏のトップ公卿になったことを示している。

このように、大納言になったり奨学院や淳和院別当に補任されたのは、後醍醐天皇が即位した以後のことであり、後醍醐の信任がきわめて厚かったからであった。さらに、当時の政治・経済の中心地であった京都の治安維持を任務とする検非違使の別当にも任じられている。これは後醍醐が前例にこだわらなく人事を進めたことによる。さらに、後醍醐天皇の皇子である世良親王(ときよし)の養育をも託されていた。だが、世良が亡くなると出家して政治の表舞台から退いた。元徳二年（一三三〇）、親房が三十八歳のときのことである。そしてすでに述べたように、新政権が成立して四か月後に顕家とともに奥羽に下向していったのである。

顕家戦死後の東国の両派

延元三年（暦応元年、一三三八）は、後醍醐方と足利勢の間で激しい戦いが続いた年であった。全国的にみると、北畠顕家がこの年の五月に畿内で戦死し、新田義貞もその二か月後に北陸で討ち死にしてしまったことにより、足利方がやや優勢であったといえよう。

しかし、北関東から奥羽の状況はまだ南朝側に十分な勝機が残されていた。鎌倉府の総大将であった斯波家長が北畠顕家を中核とする奥羽軍に敗死した後、態勢を立て直すために時間を要していた。鎌倉府執事として高師冬(もろふゆ)が下向し、さらに武蔵国守護を兼ねて鎌倉府の中心となったのであり、彼は幕府の実力者である高師直の従兄弟であった。彼が東国に下ってきたのは暦応二年（一三三九）五月ころのことであった。親房が常陸に到着して半年ほどたっていたが、以後、この師冬が足利方の総大将として大活躍をするのである。

奥羽地域も混とんとしていた。北畠顕家がまだ霊山に籠もっているころ、石塔義房（いしどうよしふさ）が京都から攻撃軍の大将として派遣されてきた。顕家の死後は奥羽地域の足利方を結集して、南朝側の伊達氏や結城氏と対抗し、多賀城を拠点に活動していた。彼の持つ権限は、軍事指揮権を中心とするものであったといえる。動乱初期の足利方は、関東では鎌倉府を中心に高師冬が中心となり、また、奥羽は石塔義房が中核となり、ようやく活動し始めたばかりであった。だが、この両氏が幕府方を切り盛りして幕府の支配地を広げていったといえるのである。

顕家が戦死した後の東国・奥羽の状況を大雑把にみると、鎌倉に小幕府的な鎌倉府が構築されつつあり、足利方の拠点となりはじめていた。だが、それはまだ権力機構としては確立しておらず、前線基地を大きくしたようなものであった。だが、南関東は足利方の勢力が圧倒的に強かったが、北関東や奥羽の状況は異なっていた。北関東は去就が不明な諸氏が多く、佐竹氏のような足利方として旗幟鮮明にしている武士もいたが、南朝側とみられる者たちも多くいた。このような武士たちの支援を得て、後に親房は常陸合戦を遂行することができたのである。

南奥羽の海道（福島県浜通り）地域は足利勢がおさえていたが、仙道（福島県中通り）は伊達氏、結城氏をはじめとして南朝方が多かった。また、北奥羽も南部氏を中心に南朝に心を寄せる武士が多かった。さらに奥羽には南朝側、顕家が残した遺産が存在した。建武政権下でつくられ、奥羽武士を結集しようとした「陸奥国府体制」という遺産である。のちに親房は、この遺産を活用するのである。北関東から奥羽にかけては、まだまだ両派の決着はついていなかったといえよう。

このような東国・奥羽の情勢からして、奥羽の政治的な遺産をうまく生かして立ち回ったならば、退勢挽回のチャンスが訪れるかもしれないと思うのは自然であった。そこで、このような期待に応えるために派遣されたのが、義良親王を奉じた北畠親房・顕信らを中心とする軍団であったといえよう。しかし、この軍団が奥羽に到着しなかったことはすでに述べたとおりである。

親房が活動を開始する

親房は、鎌倉末期の元徳二年（一三三〇）から建武政権下では表舞台には登場しなかったが（実質上は奥羽の政治を主導していた）、新政権が三年弱で崩壊すると、彼は再度、表舞台に登場してくる。特に常陸に流れ着いた以後の親房の活動は目を見張るものがある。

義良親王の安否について各地に問い合わせて、伊勢に吹き返されて無事を確認したことはすでに述べたが、この後、親房は結城親朝との間で、密接に連絡を取り合うようになる。延元三年（一三三八）十一月六日の北畠親房御教書から興国四年（一三四三）に関城（せき）（茨城県筑西市）が落ちるまでの間に、親房から白河結城親朝に宛てた文書は一〇八通あるとされている（村井章介・戸谷穂高『新訂白河結城文書集成』)。北関東・奥羽の状況をみるうえで多く活用されているのが、親房から親朝に宛てた御教書、書状等の文書類である。ここからは、これらの文書を検討しながら情勢をみていこう。なお、親房が延元三年から興国四年までの足かけ五年にわたって、常陸国小田城・関城で足利軍と戦った戦いを「常陸合戦」と呼んでいる。

現在、知られている親房の最初の文書(北畠親房御教書)で、義良親王や北畠顕信らが伊勢に吹き戻されたことを喜び、両者が奥羽に下るのが延期されたことを記した後、次のように述べている(北畠親房御教書、二―一二四)。

(前略)只今は、親王も国司(顕信)も奥州への下向は延引されたので、何とかして(親房が)奥羽に下向して、奥羽の者たちを(反足利に)立ちあがらせようと思う。また、葛西(清貞)に使者を遣わし、このような趣を申し入れた。路次はさぞかし難事ではないかと思われる。(親朝が)急いで郡々の軍勢を集めて近辺を退治したならば、結構なことである。(親房は)この辺の軍勢をもって、まず白河まで進発し、次に、さらに奥に向けて発向するつもりである。であるから、(親朝は)急いでその準備をされたい(後略)。

この親房の御教書にみられるように、彼は常陸から奥羽に下向して奥羽を平定することに強い信念を持っていた。そのことを親朝や葛西氏に知らせて、軍勢催促を呼びかけているのである。そして、

「神皇正統記」を小田城中で執筆する北畠親房　茨城県立歴史館蔵

この月の十一日に親朝から発せられた書状が親房の手元に届いた。親房はすぐさま返書を御教書で発している。その内容は七か条からなる。

第一は、義良親王らが伊勢国へ着いたことである。第二は、陸奥国の平定のこと。第三は、石川一族が味方になるといっていることについて。第四は、葛西清貞一族の忠節について。第五は、坂東を安定化させることはまだできていないので、まず奥羽の静謐が先であるとして、親房が奥羽に下向して奥羽を平定することの手だてについての親朝への指示。第六は、田村一族の異変についてである。第七は、小山一族の忠節をたたえ、奥羽への（親房の）下向の彼らの対応について問うていることである。以上が、この御教書の概略である。

北関東から奥羽地域の国人層の動向を親房は的確につかんでおり、詳細に述べている。このことは親房はかなり広い情報網を持っていたのではないかと考えられるし、この地域の諸氏とかなり密接なつながりが存在したと考えられる。親房は、この段階では奥羽に下り、そこを平定することに自信を持っていたものと思われる。

二、親房の奥州諸氏への対応

石川一族と親房

親房が小田城に入った直後は、強烈な自信と威厳をもって奥羽の武士層に対して対応したことは、南奥羽の石川荘を拠点に活動していた石川氏に対する対処をみれば明らかである。〈延元三年〈一三三八〉〉十一月二十一日に結城親朝が発信した書状に対し、親房は二十六日、親朝宛てに御教書を発した。その北畠親房御教書（二―一二五）の内容は、次のように書かれていた。

石川一族が味方になりたいと言っているが、まずは神妙である。石川氏が望んでいる所領（新恩所領）であるが、その所領の所有者である五大院（ごだいいん）兵衛入道はすでに味方となっている。石川氏の本領（本来の所領）の安堵だが、現在は結城宗広以下の功績のある武士が知行しており、安堵はすこぶる難しいことである。しかし、凶徒が一人でも降参してくれれば、対外的な関係からも誠意を示す必要がある。こういう人々（現在知行している人）には、その替え地（代わりの所領）を与えれば安心するであろうから、石川氏の本領を安堵しよう。それゆえ、本領安堵の意図するところを石川氏に伝えてほしい。

新恩所領についてはかなえられない。その理由は、武士たるものは代々弓矢をもって仕えるものである。だが、世が乱れてその所存が定まらなくなったことは誠に残念なことである。武士たるもの先非（過去のあやまち）を悔いて降参すれば、知行している所領の半分または三分の一を安堵されて満足するのが古代からの風習である。それゆえ、石川氏に所領を全部安堵したということはたいへんな善政ということである。

ところで、どうしたことだ。長年にわたって敵方として戦ってきた者が味方になるからといって、味方になる以前から多くの所領を望むのは武士の名誉を汚す行為ではないか。また、朝廷も道理を通して武士を召し使ってこそ、今後も信頼して頼むことができるのではないか。まったく商人のような根性を持った連中では、将来、彼らを朝廷で用いることはできないのではないか。

このような理由から、まず本領だけは安堵しよう。そして今後、大きな功績があったならば恩賞を与えよう。このような意向を石川氏に伝えてほしい。彼らが望んでいる所領を惜しんでいるのではない。現在、味方で並ぶものがないほどの忠節をつくしている者でも、今に恩賞にあずかっていない者もいるからである。朝敵であった者を味方にするために闕所地（敵方から没収した土

地や領主の存在しない土地）を与えたならば、公正な政治ができないであろう。（以下略）

親房に関わる御教書や書簡は、とにかく長文のものが多い。この御教書も沙弥宗心(しゃみそうしん)が親房の意を承って書いたもので、最後に「恐々謹言」とあることから沙弥宗心の書状のようなもので、それに親房が袖判の花押を据えているのである。

親房は常陸に入った初期の書簡等ではこまごまとした配慮を示しながらも、自分の信念を明瞭に打ち出し、この信念に必ず東国・奥羽の国人が従うであろうとする自信に満ちあふれている。この御教書は一部分だが、当時の武士に対する親房の考えがきわめて明確に示されている。

親房は常陸に入ると、すぐさま結城親朝を通して奥羽の国人を結集するための行動を開始する。味方に引き込むためのターゲットの一人が石川氏であった。親朝の南朝への勧誘に際して、石川氏は南朝方になってもよいといったものの、そのための条件を出したのである。それは本領安堵と新恩給与（恩賞）であった。この石川氏の要求に対して親房は立腹する。親房にいわせれば、石川氏が味方になるということは、「降参」して味方になるということである。降参する武士がこのような要求を出すということはきわめて不当であり、武士たる者の名誉を汚す商人のような思い上がった了見であるというのである。特に、味方になる以前に恩賞を求めるなどはとんでもないことであり、このようなことを認めたならば正しい政治ができないというのである。

そもそも親房は、石川氏を降参した武士として位置づけており、降参したものは所領の半分または三分の一が安堵されるというのが武士社会の従来からの慣例である。であるから、本領全部が安堵されるなどということはたいへんに寛大な処遇であり、これで満足するべきであると主張するのである。そして新恩などを与えたならば、今まで十分な恩賞も得られずに南朝に忠節を励んできた武士に対して面目が立たず、不信を買ってしまうというのである。

石川氏を「降参」したものとして扱うならば、親房のいう通りであろう。事実、鎌倉時代においては「降参半分の法」というルールが存在していたからである。しかし、奥羽において味方を募るこの段階に、石川氏を「降参」した武士として扱うことには大きな疑問があり、誤りであったといえよう。親房の論理からいえば、南朝に属するということは「先非」を悔いて降参することだが、石川氏らの国人からみれば、道理に反することでも武士の名誉を汚すことでもなく、ただ寝返って味方になるだけのことであり、戦乱の中の当然の行為であった。

この当時は、江戸時代の武士とは異なって「去就の自由」が存在していた。すなわち、武士はどのような主君に仕えても、主従関係を結んでも、利害のために主従関係を解消したとしても特段批判されることはなかった。そのために寝返り、降参などの離合集散が激しく、「行動の自由」が確保されていた。

その典型的な事例が足利尊氏の鎌倉幕府に対する寝返りだが、ただ、何代にもわたって主君に仕えてきた「譜代の家臣（従者）」は強い忠誠心を求められていた。このような「譜代の家臣」が裏切れば強い批判を受けたことも事実である。石川氏は南朝（後醍醐）の「譜代の家臣」であったわけではないので、石川氏の行動が道理に反したり武士の名誉を傷つけるものではなかったことは明らかである。しかし、かつての古い倫理観で武士をみていた京下りの親房からみたならば、石川氏のような武士は利益ばかり追求する商人のような存在と思い、このために強く批判するのである。東国の武士の状況と親房の考えの相違は、その後において次々と武士が親房のもとを離れていく原因となり、最も親房が頼った結城親朝も離反し、彼はとうとう東国を撤退せざるをえなくなったのである。

恩賞についての親房の考え方

親房の武士に対する考え方は、『神皇正統記』に詳しく述べられている。この書は、小田城において後村上天皇の養育のために書かれたものとされている（東国武士を味方に引き込むために書かれたとの見解も存在する）が、そこに武士の恩賞についての親房の見解が示されている。

それを現代風に訳せば次のようである。「天皇が統治しているこの国に生まれたならば、忠をはげみ命を捨てるのは臣下として当然のことであり、それを名誉な武勲（ぶくん）だと思うな。それによって恩賞を与えることは天皇の統治なのである。臣下が競って恩賞を求めることなどはとんでもないことである。ましてや大した忠節もないのに、大きな恩賞を求めるなどということは自分で自分の首をしめるようなものである」と述べて、さらに「近ごろは一度でも合戦に参加し、家子（いえのこ）や郎党が戦死したならば、自分の戦功は日本全土を恩賞としていただくに値するとか、国土の半分をもらっても足りないとかいうことが流行しているが、このようなことは世の乱れであり、朝廷の権威がおちた様子を物語っている」ともいい、また「高望みの恩賞を求める者は、恩賞から漏れた人の恨みを買うことになる。万民が皆、恩賞を望むならば、天皇はこの限られた国土を無数の人に恩賞として分かち与えなければならず、そのようなことは不可能である」ともいっている。

ここにみられる親房の考え方は王土王民（おうどおうみん）思想（天皇が国土と人民を完全に支配するという思想）ともいうべきもので、このような思想からいえば、石川氏が味方になるからといって前もって恩賞を要望するなどということは、とんでもないことであった。

宗広の死への哀悼

延元三年（一三三八）十二月三日付けの結城親朝への御教書によれば、石川一族に本領安堵の「国宣」が先日、発せられたことが記されている。そこには「この連中は年来敵であった。しかし、先の行いを悔いて味方に参ったので本領を安堵した。これは特別な恩賞である」（二―一二七）としているのである。

そしてこの年も暮れ、延元四年（一三三九）正月になると、北畠親房が親朝に向かって発した状によれば、「改年の祝言」で天下の平定や朝敵の誅罰を祈ったのち、石川氏についても触れており、さらに小山氏（下野の豪族）から昨年暮れに色よい返事がきたと喜んでいることも記されている（二―一二八）。

さらに二月になると、左中将春日顕国が吉野から常陸に下向してきて常陸の南朝軍に加わり、近国を討伐するような活動を開始しようとしていた（彼は興国五年〈一三四四〉に戦死する）。しかしこの月の下旬、親房のもとへ結城宗広の悲報が届いた。親房は北畠顕信・春日顕国らの奥羽への下向を伝えるとともに、宗広の死について「悲嘆きわまりなし」との哀悼を示す御教書を送っている。側近である沙弥宗心が親朝に送った書状にも「悲嘆の心中を察します。こちらもみな悲嘆しています。吉野の天皇もたいへんに嘆いておいでです」というような書状を送っている。さらに恩賞についても、「故禅門（宗広）は、吉野に伺候しているとき、新恩の要求をしなかったこと」（二―一三一）などについて触れて評価している。

東国・奥羽の武士を結集するてだて

春日顕国が延元四年（一三三九）二月に常陸国に下ったことで、いよいよ東国の足利勢との戦闘が激しくなり、それは下野国あたりから始まった。三月・四月の御教書や書簡には、顕国が下野国に軍を進めて矢木岡城（栃木県真岡市）・益子城（同益子町）・上三川城（同上三川町）・箕輪城（同下野市）などを落とし、さらに宇都宮城を攻撃して宇都宮綱世の子息を討ち取ったことが記されており、戦いの出だしは上々であったといえる。

ところが、五月になると厄介な問題が持ち上がってきた。それは白河結城氏と伊達氏との間に所領争いが起こったことである。五月三日の沙弥宗心書状（二―一二三四）や五月十日付けの親房御教書（二―一二三七）によれば、高野郡（東白川郡）が相論の地であり、その相博（所領の交換）問題が持ち上がったのである。これらの文書によると、問題は伊達氏が恩賞として付与された高野郡を結城親朝が横領したところにあった。「高野郡郷々相博について、伊達一族がたびたび恩賞として拝領したものであり、その所有を示す綸旨や国宣を持っている」と、親房も認めているのである。さらに親房はいう。「この所領の交換（相博）を公方（朝廷、すなわち親房の側）より一方的に言えば、恩賞を受けて所有している伊達氏側は落胆して足利方と戦う意欲を失うかもしれない。だから双方が相談して了承したならば、それにもとづいて所領を交換したらよかろう」（二―一二三七）としている。結城も伊達も南朝側だったので、苦悩した親房はあいまいな形で決着をはかろうとしているのである。

このようなトラブルに至った原因は、建武二年（一三三五）に起こった中先代の乱にあった。この乱に応じる動きが奥羽でも現れてきた。この乱に加担した結城一族についてはすでに述べたが、伊達郡内の長倉（ながくら）でもこれに加担する国人の蜂起があった。このとき、伊達行朝がこの蜂起を鎮圧したのであり、その功績により、高野郡北方の所領を与えられたのである。しかし、この所領は行朝に渡されなかった。結城親朝がその所領を横領してしまったのである。朝廷のほうから再三、その所領を明け渡すようにとの命令が下ったが、親朝は伊達行朝にその土地を渡すことを拒否して、他の土地との交換を求めたのである。これがこの問題の経緯である。

その後、この所領交換について、伊達氏が渋々この一部の交換に応じたことを他の文書から知ることができるが、この年の九月にいたっても伊達行朝がしきりに親房に不満をいってきていることより、問題は尾を引いていたことが知られる。同じ味方であっても相互に所領をめぐって争うことは当時いたるところに存在していた。これを鎮めるためには強いリーダーシップが求められたのであるが、きわめて困難なことであった。

同じ南朝方に属する国人らの対立を抱えながらも、東国・奥羽での南朝方の再建という親房の野望は、一応軌道に乗ったようにみられる。親房が国人を南朝方に結集させるための「武器」は官途（かんと）（朝廷の官位・官職）の推挙（推薦）であった。親房は常陸に入って以後、東国を退去するまでこの権限を振るいまくって推薦状を乱発するのである。最初にみえるのが、延元四年（一三三九）五月四日付けの親朝宛ての親房御教書（二―一三五）である。その要約を示せば、「田村庄司一族の穴沢成季の任官のことだが、自分に任せてほしい。国中の軍勢の任官・恩賞等は皆が競って望んでいることである。功績が多いか少ないか、闕所の有無については遠いところはわからない。そこで不公平が出たら恨まれるので、（顕信の）下向を待つようにといっている。任官・恩賞を望んでいる連中にこのことをよく言い聞かせてほしい。ただし、結城朝胤（親朝の三男）だけは例外であり、武衛（兵衛府のこと）の官を即刻推挙しよう。云々」というようなことが延々と書かれており、同日付で結城朝胤が左兵衛尉に推挙されている。

当時の武士層にとって官途を得ることは所領と並ぶ恩賞で、たいへんに名誉なことで、また、それを通して身分の高低が決まった。身分性が幅を利かせていた当時の社会においては、官途は現実の所領支配・経営においても価値あるものであった。それゆえ、我も我もと官途を求めるのであり、親房は身分制社会のそのような価値観・風潮を大いに利用したのである。

親房の陸奥国司代行

さてもう一度、親房が石川氏を「商人のようだ」と批判した件をみてみよう。石川氏を批判しながらも、功をたてたならば恩賞を与える用意があるとした十二月三日付けの結城親朝宛ての親房御教書をみると、その中で注目しなければならないことがある。それは「石川一族のことについて、先日、国宣を発した」という語句があることである。その他にも、前述した結城氏と伊達氏の所領めぐっての争い、「相博」に関わる案件についても「国宣を出した」との文言がみられる。このように、ところどころに国宣の発布がなされたとされているが、親房が発した国宣とはどのようなものだろうか。親房の国宣とみなされるものとしては、次のような史料が存在している。

(親房)
(花押)

岩瀬郡河東郷内大栗・狢森両村の事、式部少輔の状かくのごとし、子細は状に見ゆ、早く彼の代官に沙汰付せらるべきの由、国宣候所なり、よって執達くだんのごとし、

延元四年九月十七日　　越前権守秀仲奉

結城大蔵大輔殿

(原漢文・二―一五〇)

親房のこの国宣と称するものは、式部少輔（しきぶのしょう）の書状にもとづいて発せられた。式部少輔とは、陸奥国府の奥州式評定衆の一人として名を連ねていた藤原英房（ひでふさ）である。そして英房が発した状（書状）とは、

前日の十六日に「卿法眼御坊（法眼宣宗か）」なるものに宛てた英房書状（二一一四九）である。

その内容は、「河東郷内大栗・鹆森両郷のことについて、道存（二階堂時藤）の家人である矢部又次郎が、この所領は白河氏より預け置かれたものであると申して（横領していて）、いまだに打ち渡していない。もし、矢部に軍忠があるならば、恩賞を要求すべきである。領主が明らかな土地であるので、矢部が支配することは難しい。すべて渡すように結城親朝に仰せつけた」とするものである。大栗郷・鹆森郷は、現在の福島県須賀川市内の郷である。

そして、次の日に前掲の国宣が出されたのである。英房は陸奥国府にいたときと同様に、親房のもとで活動していたのであろう。国宣とは国司が出す命令書のことである。北畠親房が陸奥国内の案件に対して国宣を発していることに注目したい。ここにみられる文書の形態はれっきとした陸奥国国宣であり、顕家が発した陸奥国宣に近く、その系統のものであるといえる。このような国宣から親房は顕家と同じように陸奥守（陸奥国国司）に補任されていたようにみられる。国宣を発することができるのは陸奥国国司のみだからである。だが、親房が陸奥守に補任された事実はない。

では、このような親房による国宣がどうして発布されたのであろうか。それは顕家の敗死後に陸奥国府を再興するため、南朝は顕家の弟顕信を従三位陸奥介鎮守府将軍に任じたからである。本来、顕信は多賀城に下り、陸奥国府を再興するはずであった。だが、前述したように遠州灘で暴風雨に逢い、顕信は陸奥に下ることができなかった。顕信は船が吹き返されて、伊勢にいようと陸奥国司であることには相違なかった（「守」が国司であるが、それが不在であるので次官の「介」が国司の職を遂行している。すなわち顕信が国司である）。それゆえに、彼は国宣を発給することができたのである。だが、顕信は陸奥国には存在していないので、親房が顕信の立場を代行しているという形をつくり、親房が国宣を発して国人を南朝側に引き連れようとしたと推測される。しかしこれは非公式なもので、あくまでも親房による「詐称」的なものであり、異例中の異例の国宣であったといえる。

親房も常陸にいて陸奥国には入っていないが、南朝勢力の結集のためにとやかくいっていられない状況であり、親房の観念的世界の産物であった。もともと親房の意図するところは、顕信を陸奥支配の中心に据えて顕家が行った陸奥国府体制を再興するところにあった。そして、親房は黒子としてその中心になって活動しようとしたが、このもくろみが外れたために異例なことをしなければならなかったのである。

親房はいつまで国司代行のようなことを行っていたのであろうか。親房が国宣を発したときの「奉者」である越後権守（えちごごんのかみ）なる人物は、親房が東国を脱出するまで「奉者」であったが、興国二年（暦応四年、一三四一）正月十三日に発した御教書（二―一八四）には国宣という語句は見られない。このころから、国宣を発給しなくなったのであろう。その理由は、前年の興国元年春に陸奥介北畠顕信が陸奥に下向してきたからである。

では、親房から国宣を受けた結城親朝の立場を、親房はどのようにみなしていたのだろうか。親朝が陸奥国府体制の中で、式評定衆・引付等の重要な役職に任じられていたことは前述した。また、建武二年（一三三五）十月、陸奥国宣によって白河・高野・岩崎・安積の各郡、石川・田村の両荘、依上保・小野保の検断に補任されたことはすでに指摘した。このような建武政権下の政治的権限を、親朝は当然に引き継いでいるものと親房はみなしていたであろう。であるから、北畠親房の観念の世界では、北畠顕信を中心とする「陸奥国府」の支配体制の中において、親朝は南奥支配の有力な梃子となりうる武将と考えられていたのである。

後醍醐天皇の死去をめぐって

北畠親房は後醍醐の政治を全面的に肯定するものではなかった。そもそも親房が子供の顕家と奥羽に下ったのは、新政権に対して批判的な意向があったからだとされている。親房の著した『神皇正統記』によれば、君臣関係や国家の秩序等の正しいあり方について、「立派な政治を行うには多くの道があるが、その一つは官にはその職にふさわしい人物を任命することである。二つは、臣下に所領（恩賞）を与えるときには、勝手気ままに与えるのではなく、与える正当な理由がなければならない。第三として、功績のあるものには必ず賞を与え、罪あるものは必ず罰しなければならない。これを怠れば乱れた政治になる」と述べている。

さらに、親房は「君主がみだりに官職を与えることを謬挙（誤った任用）といい、臣下が不当に官位を望むことを尸禄（給与盗人）といい、国が滅びるもととなる」ともいっているが、前者の「謬挙」は後醍醐の行ったことであり、後者の「尸禄」に関しては足利尊氏らの行動を指していることは明らかである。このような指摘は、親房が後醍醐天皇が行った新政治に強い不満を持っていたことは確かであることを示している。しかし、そうはいっても後醍醐天皇への思いは特別なものがあった。

『神皇正統記』の中の後醍醐の死去を記したところに、親房の後醍醐への心情が余すところなく吐露されている。延元四年（暦応二年、一三三九）八月に後醍醐は死去した。「（一三三九年）八月十八日、天皇がカゼのためにお隠れになった（死去した）という知らせを受けた。「何事もはかない夢のような世の中の習いであるとは知っているが、後醍醐天皇との数々の思い出が眼前を通り過ぎるような心地がして、年老いた我が身は涙を止めようもなく、筆を進める手も涙で滞ってしまうほどである」と述べている。それとともに、「後醍醐天皇は義良親王を左大臣の邸宅に移し、三種の神器を伝え、自分の死去した後は後醍醐を贈り名（諡号）にするようにと申し置いた」と述べている。ここに南朝第二代の天皇として義良親王が即位し、後村上天皇となったのである。

延元四年九月二十八日付けの結城親朝宛ての御教書（二―一五二）に、後醍醐天皇の死について簡単に触れている。

吉野殿（後醍醐天皇）が国を譲られたということは、うわさで知っていると思う。奥州宮（義良親王）が即位されたが、天子としての幸運は限りないものであろう。このことについては、別に使者を遣わしてくわしくお知らせしよう。また、この間に鎌倉の凶徒（足利方）が武蔵・相模等の武士を率いて寄せてくるという情報を得た。近日中に押し寄せてくるであろうと待ち構えている。そして（足利軍を破って）鎌倉辺りまで攻め上ろうとしているが、（こちらの）所々の城を捨てていくのはどうかと思案しているところである。今、鎌倉方が攻めてきたならば、（それを打ち破ることにより）かえって早く東国が静まり、平穏になるであろう。それゆえ、急いで常陸の境に（親朝が）兵を進めてほしい。その詳細については、先般知らせたとおりである。おろそかにしないように願いたい。これを行えば、特別の忠功であるといえる。

ここでは、親房は親朝に対し、後醍醐の死と後村上天皇の即位の件について別途に使者を遣わして詳しく知らせると述べたのち、鎌倉方との合戦のための出兵をうながしているのである。そして十二月になると、その後村上天皇から結城一族に綸旨が発せられ、いよいよ南朝は後村上天皇の時代となっていく。しかし、吉野の後村上天皇を取り巻く側近たちと、北畠親房との間は次第に不和・確執が生まれてくるのである。

三、常陸合戦の中で

鎌倉府の動向

今まで北関東から奥羽にかけての南朝側の活動をみてきたが、彼らが凶徒とみなしていた鎌倉方はどのような動きを見せていたのであろうか。建武政権下で鎌倉に鎌倉将軍府を置いたことは、すでにみてきた。その機関は足利直義が中心となっていたが、中先代の乱で直義が上洛した後は、尊氏の子供の義詮(よしあきら)が鎌倉に残り、直義の跡を継いだようにみられる。だが、義詮はまだ幼少だったため、東国で足利軍の指揮をとったのは斯波家長であった。しかし、彼は上洛する顕家軍との激闘の中で戦死してしまう。

その後のことは若干不明な点もあるが、鎌倉には上杉憲顕(のりあき)が鎌倉府（この頃このように呼ばれていたわけではないが、足利方の権力機関を一応このように呼んでおく）の執事的立場にあり、軍事指揮権を持って義詮を補佐していたと考えられている。また、奥羽には石塔義房が奥州総大将として派遣されていたのである。鎌倉にいた上杉憲顕は直義から京都に呼び寄せられ、憲顕の代わりに高師冬が鎌倉に下向してきた。この頃、東国の足利方はいま一つ気勢があがらず、南朝側に押され気味なところがあった。そこに高師冬という猛将が京都から下ってきたのである。暦応二年（延元四年、一三三九）六月のことであった。師冬は幕府の執事で猛将として知られている高師直の従兄弟であった。これ以後、東国の戦乱は師冬を中心に展開し、あしかけ五年にわたって常陸の親房と激しい戦闘が繰り広げられていくのである。

師冬は鎌倉に着くとすぐに、前年秋に常陸に入っていた北畠親房の籠もる小田城を攻め始めた。鎌倉方（足利方）は、親房がいる常陸の筑波山のふもとに存在する小田城に向かい、武蔵・下総方面から軍をすすめた。親房もその情報を得て、用意周到に待ち構え、良い機会だからその軍勢を打ち破り、鎌倉まで攻め込もうなどと楽観的なことを言っていたのである。

暦応二年の秋から冬にかけて、下総と常陸の境である結城や駒城（茨城県下妻市）あたりで両軍は激しい戦闘を繰り返したが、鎌倉軍は苦戦を強いられて、攻め落とした城なども奪還されるなど一進一退の状況であった。このころ、鎌倉方に属する武士として小田城攻めに参加していた山内経之という武蔵国の武士の書状が残されているが、そこには「難儀」「苦戦」という文面が連続しており、多くの武士が師冬軍から逃亡している状況が記されている。彼は、生き残ることはなかっただろうといわれている。

そこで、師冬は下総のほうから攻めることをあきらめ、態勢を立て直して北常陸、すなわち北方から攻撃して小田城を落とす方策に変更した。翌年あたりから、瓜連城近辺が攻防の中心となっていくのである。

東国武士の「直奏」の禁止

親房が常陸に入った初期の段階は、親房軍が優勢な状況が続いた。そして一年半ほど過ぎて、改元が行われた年（延元五年・興国元年、一三四〇）となった。この年の正月に、親朝は黒栗毛(くろくりげ)の馬一頭を親房のもとに送っており、親房は御教書による礼状とともに、当時の北関東・奥羽の情勢や、任官・官途所望などについて述べたり、こまごまと指示を与えたりしている。この御教書（二―一五七）は八項目で構成されているが、その中で注目したい「稀有(けう)壮大な観念的」文言に次のようなものが存在している。

坂東の輩直奏の事について、出羽・陸奥両国は当国（陸奥国府）に属するので（禁止することは問題はないであろう。その他の坂東八か国の連中をも（親房が）成敗（支配）しているので、「直奏」を禁止する。ところが、先の天皇（後醍醐天皇）の時代に、天皇との縁故で官途や恩賞、御感（感状）等について、綸旨を掠めとった者たちがいるのではないか。彼らがいろいろ訴えてきても「不可」であると、たびたび申しているところである。この御代（後村上天皇の時代）では、軽率なご沙汰をしてはならない。たとえ、綸旨を掠めた者でも、絶対にそれを許容してはならない。もし、それを触れ申す輩（綸旨を持っているといいまわる者）は罪科に処すと仰せ含める。

この文言を少し解説しておこう。

陸奥・出羽両国においては、後醍醐天皇から「奥州には勅裁（天皇の裁断）をとどめる」との仰せを受けていたと親房は述べている。これによれば支配は陸奥国司（顕家・顕信）の権限とされているとみなされ、奥州経営の全権を委ねられており、たいへんに大きなものであったということができる。建武政権下で両国内に後醍醐が発した文書は残されていないわけではないが、陸奥国府が発したものがほとんどであることも事実である。なお、「直奏」とは天皇に訴えることである。たとえば恩賞や官途等を天皇に要望することなどである。

以上のように、天皇の裁定が行われないことを主張し、当然のこととして両国内の武士が天皇に「直奏」することはできなかったと強調している。親房は陸奥国司代行として、自らが建武政権下の陸奥国府のこの権限を引き継いだものであると考えているから、陸奥・出羽の両国は問題なく「直奏」の禁止となるとしているのである。

ところが、親房はさらに拡大解釈をする。坂東八か国も（陸奥国府が）支配しているので、当然のように「直奏」は禁止するとしている。たとえ、後醍醐天皇から綸旨を得ていた者たちでも認めないとし、それを振りかざしてさまざまな行動をしたならば罪科に処するとしているのである。親房のこの考えによると、奥羽二か国・坂東八か国はすべて実質上、親房の指揮・命令系統の全面的掌握であり、東国の武士たちに対して、親房の推挙のみで恩賞や官途等が得られるというわけである。現実を無視した巨大な妄想の楼閣を親房は打ちたてたのである。実は、このような親房の妄想が後に吉野側と親房の相克となっていくのである。この点は後で述べよう。

そしてその具体的な事例をあげている。田村庄司の官途について、「直奏」は許さないが、しきりに官途等を要望しているので、このたびはじめて「権守（ごんのかみ）」に任じよう。本来はだめだが、合戦で武勇を発揮してもらうために特別に推挙するとしているのである。その他の恩賞に関わっても、こまごまと親朝に知らせている。

意気軒高な親房

四月ごろになると、白河郡近辺の国人層が続々と南朝方になっていると親房は喜び、さらに五月になると、奥州・羽州の南朝は次第に有利になってきているので、奥羽に下向したいが、まだこちらで

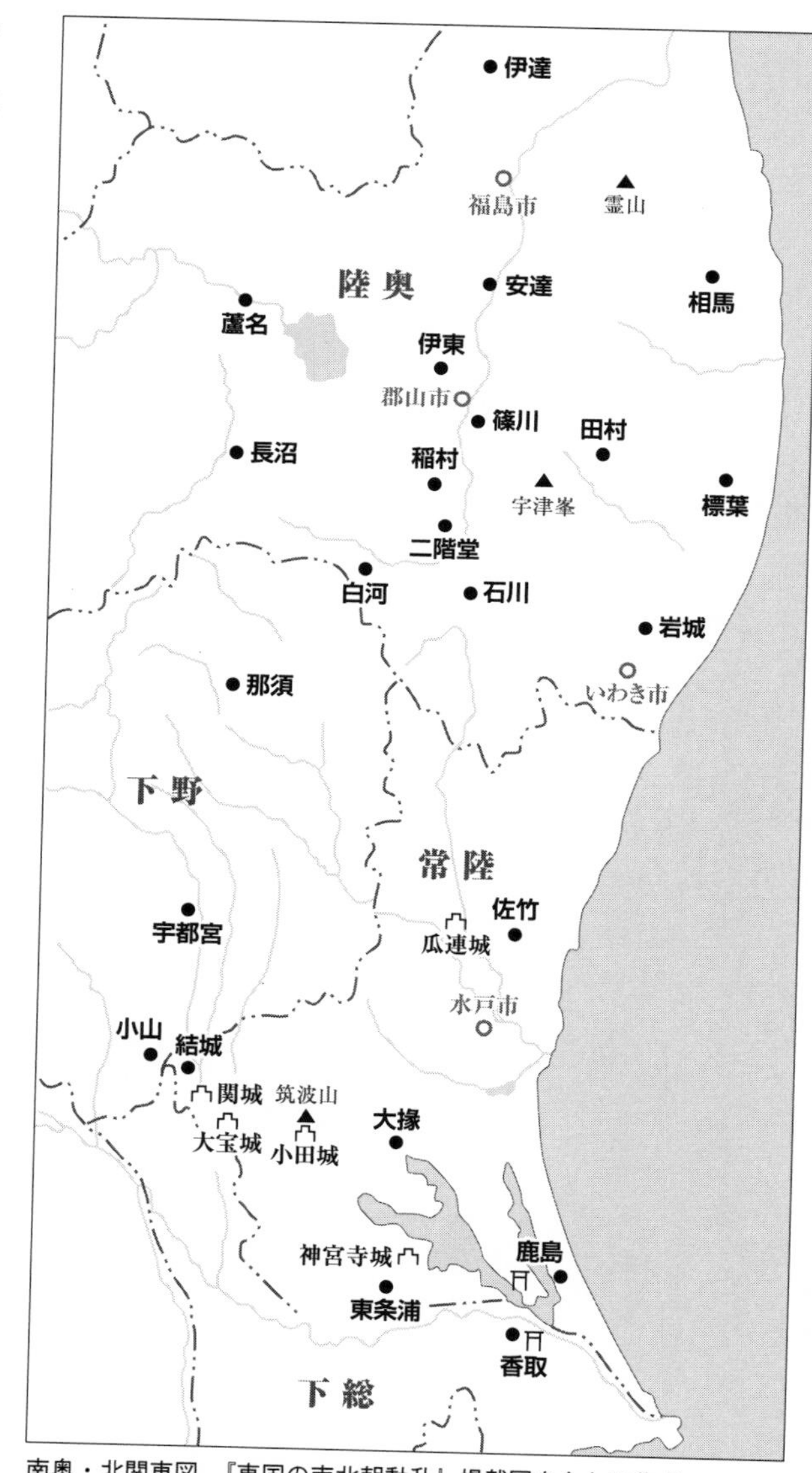

南奥・北関東図　『東国の南北朝動乱』掲載図をもとに作成

やり残していることがあるので、側近をそちらに下すなどと親朝に書き送っている。情勢は、親房が期待する方向に進んでいると親房は考えていたようである。しかし、現実はどうであったろうか。

動乱初期に、幕府は石塔義房を奥州総大将として派遣してきた。親房が稀有壮大なことを言っていたこの年の正月、義房が佐竹氏に宛てた軍勢催促状が残されている。佐竹氏は一貫して幕府方であるが、その佐竹一族に対して「白河城の凶徒が蜂起すると聞いている。早く相馬親胤（ちかたね）とともに軍をひきいて、白河の凶徒（親朝）を誅伐せられたい」（二―一五九）と催促しているのである。白河辺の情勢も緊迫しはじめていた。

白河の結城親朝も、このころは南朝方としてかなり活動を活発化させていたようにみられる。しかし客観的に見ても、北関東から奥羽にかけての軍事情勢は南朝側が優勢ということではなかった。石塔義房に加担する諸氏は、佐竹氏以外に岩崎、岩城、伊賀、伊東、相馬、会津三浦氏などであり、南朝側は、結城、田村、伊達、葛西、南部氏などであった。宇都宮、小山、那須（なす）氏などは優柔不断の態度をとっていたのである（内部が両派に分かれていた）。このような状態なので、常陸北部、陸奥海道（福島県浜通り）方面は幕府方のほうが優勢であったといえる。仙道（福島県中通り）は南朝の勢力が強かった。このようなことから、北関東の宇都宮氏や小山氏などの動向が戦局を左右する状況となっていたのである。

それゆえ、親房はこれらの諸氏を味方につけるために大きな努力をかたむけていた。延元五年（一三四〇）正月二十二日付け親朝宛ての北畠親房御教書（二―一五八）は「小山朝氏（ともうじ）を退治して、その所領である陸奥国菊田荘（福島県いわき市内）の所領を没収し、それを親朝に預け置くということを伝えている。しかし、小山朝氏はさきに南朝側への参加を申している（請文を出している）が、いまだに味方に参らないのでこのような処置となったものである。たぶん、このようなことが他氏に対しても行われていたであろう。

また、同年四月九日付けの親房の御教書（二―一六三）によれば、広橋経泰（ひろはしつねやす）が海道（福島県浜通り）方面に軍勢を進めたが、無勢だったので軍を引いたと述べたのち、「東海道（常陸・南奥羽の海岸通り）、瓜連辺（常陸内陸部の中心地）、那須辺（下野国北部）ついても、（南朝側の）奥州の軍勢がその地域の戦いに加わったならば、凶徒（足利方）を打ち負かすことはたやすい。であるから、出兵して忠節を励むように」と親朝に申しているのである。しかし、親朝は白河近辺で兵を動かしても、海道や常陸までは兵を進めなかった。しかし、親房はこのころ楽観的で、南朝側が優勢であると信じており、きわめて意気軒高であった。

北畠顕信の奥州下向と白河結城氏

足利方が多賀国府を押さえ奥羽で次第に優勢になりはじめたころ、いよいよ鎮守府将軍・陸奥介（国司）に任じられた北畠顕信が奥州に下向してくることとなった。興国元年（一三四〇）六月一日付け親房御教書（二―一六七）で親朝に顕信の奥羽への下向を伝え、さらに二十九日付けの御教書（二―一六八）には、十一日に出発し、親朝の拠点である白河を通らずに奥羽に到着したことが記されている。海路で日和山城（宮城県石巻市）に入ったといわれており、小田城の北畠親房と綿密に打ち合わせての進軍ルートだったのであろう。この点について、親房は親朝に（白河を通らないことについて）「無念」のことと思われるが了承されたいと伝えた（二―一六八）。

七月に日和山城に入ると、初めて顕信から軍勢催促状が親朝のもとに届いた。軍事行動を始めた顕信は北奥羽に軍を進めたことにより、北奥の南朝勢力は大いに活気づき、次々と足利方を破っていった。そして、次の年には一応、奥羽北部を支配下におさめたのである。

一方、南奥羽はどのような情勢だったろうか。北奥羽の戦線は動いていたが、南奥羽での動きはとぼしかった。鎌倉府の執事で対南朝方の総大将であった高師冬も、北関東で思うような成果をあげていなかった。このような膠着した状況からして、親房はしきりに結城親朝の南下を求め、親朝が兵を動かせば師冬を完全に打ち破ることができると強く出兵をうながしたが、親朝は動かなかった。動かなかっただけでなく、またまた官途を要求したのである。

親房の足もとを見たのであろうか、この年、すなわち興国元年十月十日に結城親朝に対して、「修理権大夫所望の事、挙げ申さる也」との推挙状（二―一七五）を発しているのである。親朝は延元三年（一三三八）までは「大蔵少輔」であったが、この九月に昇任して「大蔵権大輔」さらに「大蔵大輔」となり、そして今回二年ほどで、「修理権大夫（しゅりごんのだいぶ）」となったのである（「口宣案（くぜんあん）」が発せられたのは十一月二十四日）。

親朝は親房の要望する出兵には応じなかったが、官途だけは再三に要望したのである。さすがに親房もこの推挙については気になるものとみえて次のように述べている。「官途のことについてであるが、元弘一統（鎌倉幕府が滅亡して建武政権が成立したこと）により、公家政治が元のように復活した。それで坂東（東国）の人々の出自による昇進は、治承以来（鎌倉幕府の成立以来）の代々の慣例に従うべきであったが、先朝（後醍醐天皇）の時に慣例に反する登用を行ったので今もって難儀している。そしてこれは（吉凶禍福の）運命であり、恐れ多いことである。今後は従来からの規定をよく守り、行動したならば、一門は大いに繁栄の基となるであろう。だが、そうはいっても今回申してきたことは、そのいわれがないわけではないので、「修理権大夫」を推挙する」（二―一七四）というものである。

親房の意識からしたら、本当は従来の慣例に反する親朝の要求をきっぱり断りたかったが、親朝に頼らなければならないという当時の状況からして背に腹はかえられず、なんだかんだと述べながらも、親朝の要求を飲まざるをえなかったのが実情と思われる。

翌年の二月になると親朝は、今度は嫡子顕朝の弾正少弼（だんじょうのしょうひつ）への補任を要求してきた（北畠親房御教書、二―一八五)。これについても、鎌倉時代における武家の位階、官途の有様を延々と述べ、後醍醐天皇が異例なことをやったので非常に不公平になっているなどと述べて抵抗しているが、最終的には「忠節他に異なる」といって弾正少弼に推挙しているのである。

親房と吉野近臣近衛経忠

北畠親房が小田城において、東国の国人層を南朝方に引き付けるために努力を重ねているときに、憂慮するようなことが起こってきた。それは、親房と吉野の天皇側近との間の意思疎通がうまくいかなかったことで、対立が生まれてきたのである。その概要を親房の結城親朝宛ての書簡(北畠親房事書等)でみてみよう。

興国二年(一三四一)の春ころは彼はまだまだ意気軒昂で、「鎌倉の師冬は瓜連あたりをうろうろしているが、無勢により合戦ができないでいるようである。そこで高師直が東国に下向しようとしたが、山門(延暦寺)や南都(興福寺)が蜂起したので延引になった」(二―一八五)などとのうわさ話を親朝に伝えていた。ところが、この年の五月ころから雲行きが怪しくなった。鎌倉の動きより、もっと深刻な聞き捨てならないうわさが伝えられたのである(二―一九三)。

小山氏あたりのうわさ(朝郷(ともさと)・氏政(うじまさ)兄弟の合戦のことか)は信用しがたいものである。しかし、小山（朝郷）自身は年少であり、しかるべき補佐の者も存在していない。それゆえ、もしも不都合なことが出現したならば、かの意向をよく聞き、良く諭してやるのがよいだろう。密かにこのようなうわさについて述べるが、どうも困ったものである（と述べたのちに、吉野殿関係に言及している）近衛左大臣家（経忠）が吉野から出てしまったという。京都側も敵方もまったく歓迎していないようである。あばら家一宇と所領を二か所ばかり得たほかは、まったく何もないというようなことであったが、このようなことが方々で語られているようである。近衛の使者がところどころを巡っているが、その趣旨は、藤氏が各々一揆して近衛経忠が天下をとり、そして小山をもって坂東管領にするということである。この使者は当所の小田方へも御状を持ってきたが、小山に向かった。この城より、ある僧侶を案内者として小山にまかり越したが、このようなことについて小田は承諾しなかったという。

一揆については日ごろから風聞があるが、このようなことが出現すれば、よからぬうわさが充満するであろう。だが、前左府（近衛経忠）が画策していることは単なるうわさではない。彼は京都にいながら、このような短慮のことを進めるとは、何か他の所存があるに相違ない。彼の仁が味方に参るといっても、このような荒説（悪いうわさ）は痛ましいことである。鎌倉の凶徒にも、このようなうわさは聞こえているだろう。

つい先日も、小田勢の中で騒動があった。これにより、小田一族以外の者たちはどのように振る舞ったらいいか、評定に及んだのである。凶徒側はこのことを聞き及ぶであろう。小田の当主は動揺せずに動かないと聞いているが、近衛の使者は一揆を進め虚説を振りまいているようにみえる。新田義興（よしおき）も、このよからぬ荒説に取り込まれてしまっている。

などと、かなり詳細に近衛経忠の使者の動きを伝えているのである。

この文書は興国二年（一三四二）五月ころのものであるといわれているが、ここからこの頃の吉野の動静や北関東の動きがかなり知られる。吉野の動向であるが、南朝の重臣である近衛前左府が京都に出奔し、その使者が東国に現れて藤氏一揆を画策しているというのである。これは本当に出奔なのか、天皇らと何らかの打ち合わせの上で吉野を離れたのか不明だが、後者の可能性が強いように思われる。これにより東国内部の南朝方、たとえば新田氏内部でも動揺が広がっているというのである。

この藤氏一揆について、もう少し見ておこう。

藤氏一揆の画策

南朝の重臣近衛経忠が呼びかけた藤氏一揆とは、どのようなものだったのか。それは、本来は藤原姓であった小山氏や小田氏、さらに結城氏などを結集して一揆を結ばせ、その勢力を背景に近衛が朝廷の主導権を掌握し、小山氏を坂東の管領となして親房の権限を削ぎ、吉野の公家の主導で関東の足利方に対抗しようとしたものといわれている。

前述の親房の発した文書と同じ頃に親朝に出されたと思われる「法眼宣宗書状」（興国二年〈一三四一〉五月二十五日付、二一一九四）があるが、親房の側近である法眼宣宗の書状には、さらに詳しく書かれている。簡単にその概要を示せば、次のように書かれている。

小山辺におかしな荒説がある。一つは一族一揆して（親房とは）別の行動をするようにとされていること、もう一つは新田の子息を（盟主に）立てようとしていると伝えられていることである。この両条ともに、よくわからないことである。一族一揆して凶徒を退治しても、本当に朝廷を護るためであろうか。恩賞も官途も優遇されるであろうが、親房と「別行動」といっても、様を変えた足利の思惑と同じではないのか、これはまったくの新説である。また、新田義興を取り立てるということもよくわからない。当国に、すでに義興は在国しているのである。その家臣の中から小山に内通している者がいるのであろうか。その者が吉野に行って小山はすでに味方になっており、廷尉（検非違使）を望んでいるので、急いで宣下してほしいといったのであろうか、この点も不審である。

などと事細かに書き送っている。そして、小山への内通者について義興に尋ねたところ、「まったく知らないことであり、家人の中にこのようなことを行った者がいるのではないかと思い、不審な者を追い出した」と述べているのである。近衛の画策により、親房側の疑心暗鬼が深まっていることを示すものである。吉野側の公家と親房との間に、深い溝ができつつあった。

この溝の原点は、建武政権やその崩壊過程の中にあった。建武政権下において陸奥国府は「勅裁」に関わるような大きな権限を持っていたが、政権が崩壊した後も地方の支配を重視した。後醍醐天皇が足利方と戦う戦略は、地方に拠点を構築して徹底抗戦するというものであった。そのため、自分の分身として子供の親王を各地に下し、その地域の盟主にしようとしたのである。

奥羽の場合は義良親王に北畠親房・顕信らをつけて多賀城に下し、幕府軍に対抗しようとした。しかし、後醍醐天皇が死去すると、このような徹底抗戦の戦略が怪しくなっていった。楠木正成や新田義貞らも戦死し南朝の雲行きが怪しくなっていくと、吉野の公家の中に動揺が生まれてきたのである。この近衛経忠もそのような公家の一人であった。また、彼を幕府との優和派とみなすこともできる。当時、吉野に幕府と講和すべしという勢力が力を増してきたのではないかと推測されている。親房は後醍醐の意向を受けて徹底抗戦派であった。

しかし、吉野と親房の間の不信感はこれのみではなかった。それは親房の東国・奥羽支配の態度が大きく影響していた。この点はすでに述べたが、確認しておくと、東国・奥羽の武士に対して「吉野への直奏」を禁止していたことである。坂東八か国と奥羽二か国の恩賞や官途の天皇への奏上（推薦・推挙）はすべて親房が握ることにしており、他者の推薦を認めなかったこと、また、かつて後醍醐天皇の綸旨を根拠に、（綸旨は掠めとったものなので）所領・恩賞・官途等を要求することも認めず、それを振りかざして行動したならば、罪科に処するというように断じたこと、さらに、このような方針から「吉野側は軽率な行動」をしてはならないなどと大言壮語を発して吉野側を牽制しており、自らは国司代行のようなことを行っていることなどが親房の動きであった。奥羽二か国、坂東八か国の実質上の支配を行っていることを宣言したような親房の行動は、吉野側の公家らを強く刺激したと思われる。それで、東国から親房を追い落とす策謀がなされたとも考えられ、それが藤氏一揆の結成を目論んだ大きな原因とも推測されるのである。

講和構想や反親房の感情・反発等が混ぜ合わさって、藤氏一揆の策謀が展開されたのであろう。東国から親房を失脚させ、新田義興や小山氏を中心とする南朝に変化させようとしたものと考えられる。親房も、同じように認識していた。結城親朝がこのような件にどのような態度をとったのか不明だが、この藤氏一揆の策謀は失敗するのである。

吉野と親房が対立した影響は大きかった。まず、東国の南朝勢力の内部に疑心暗鬼が生まれたことである。このことは、親房がもっとも頼みとしていた小田氏が幕府側に寝返る遠因ともなっていった。

また、小山氏も次第に親房から離れていったのである。そして結城親朝にも、尊氏の誘いに乗るスキを与えたとも考えられる。親朝はいよいよ親房から離れて、去就を鮮明にしなければならない時期にいたったといえよう。藤氏一揆の画策は、結果的に足利方に有利に働いたといえる。このような中、鎌倉府の高師冬の攻勢が強まってきたのである。

親房、関・大宝城へ

常陸北部を押さえた鎌倉府軍はじわじわと瓜連城辺りから南下を始め、筑波山の麓の小田城にせまり、暦応四年（興国二年、一三四一）五月ころから、小田城に猛攻をかけてきた。この時期、親房と吉野側との間に不穏な空気が生まれており、東国の南朝側諸氏との間もギクシャクしたものになっていた。

関城跡の空堀と土塁　茨城県筑西市

親房は、五月半ばころに師冬軍が小田城の近辺まで迫ったことを親朝に伝え、奥州軍の発向を要請している。小田城に危機が迫ったことにより、側近の範忠(のりただ)なる者は親朝自身が出兵することが無理ならば、子息一人でもいいから派遣されたいと強く要望しているのである（二―一九七、六月五日付け範忠奉書）。さらに六月二十、二十一日と連日、御教書を親朝に発して、師冬軍が小田城の後ろの山上に陣取っていることを伝えて、援軍を要請している。それの内容を一部紹介すれば、「師冬以下の凶徒が寄せてきた。彼らは陣をこの城から続く山の上にとり、諸方の軍勢が到着するのを待っている。いまだこの城の際での合戦となっていないが、今後は合戦となるであろう。このような状況だから、親朝から早く援軍を送ってほしい」と述べており、その数日後には、「終日合戦、味方が打ち勝ち、凶徒の討ち死や負傷者は千人にも及ぶ」（北畠親房書状断簡、二―二〇〇）などと書いている。

しかし、敗色は次第に濃厚となっていった。この攻防戦は十一月の半ばまで続き、親房は「こちらの難儀（苦戦）の次第について前々より何回も申しているが、とうとうこの城の中でも裏切り者が出てきた、援軍は火急のことに及ぶ」（二―二二〇）などと援助の要請を次々に送ったが、親朝は出兵しなかった。

とうとう小田治久が師冬軍に降伏し、「凶徒を城に引き入れたので、一昨日、関城に移住した」（二―二二四）と、小田城を脱出して関城に移ったことを親朝に連絡したのであった。親房の移った関城は、小田城から十数キロ北西の小城であった。また、親房と行動をともにしていた春日顕時(あきとき)（顕国）は、大宝城（茨城県下妻市）に移ったのである。関城は小山氏の一族関宗祐が守る城であったが、三方を大宝沼に囲まれた天然の要害で、近くの大宝城とは水路でつながっていた。親房はこの要害にほぼ二年にわたって立て籠もり、鎌倉府軍に抵抗したのであった。

結城親朝の立場

小田氏が鎌倉府側に寝返ったことで、親房は絶体絶命のピンチに陥った。頼みとするのは南奥羽の雄である白河結城氏である。結城親朝はいまだ南朝の旗をおろしてはいなかったが、しかし、積極的に支援するでもなかった。このような状況から、親房は少しでもいいからと支援を懇願しているのだが、無駄であった。

親朝は、奥羽における南朝方が最も頼りとする武将であった。建武政権下において、陸奥国府の有力者に登用され、さらに白河・高野・岩瀬・安積の各郡、石河荘・田村荘・依上保・小野保等の検断奉行に補任されており、また、白河荘以外にも多くの所領が与えられたことは前述した。本家の下総結城氏に代わって惣領に任じられたりするなど、新政権から比類のない厚遇を受けていた。

このような深いつながりからして、北畠親房は親朝から強力な支援を受けられると思っていた。だが、親朝は動かなかった。いや、動けなかったといったほうが正しいであろう。

白河氏を取り巻く状況は厳しいものがあった。親房が親朝の南下を要請した地域には、強敵が存在していた。依上道沿いには幕府方の実力者である佐竹氏、常陸大掾（だいじょう）氏らが待ち受けており、さらに下野には茂木（もてぎ）氏、下総には本家の結城氏が幕府方として存在していた。そして、宇都宮氏や小山氏の動向も不鮮明であった。白河結城氏の背後に目をやると、石川氏や伊東氏らが結城氏を脅かし、海道（浜通り）の岩城氏や相馬氏らは幕府方として活動していた。伊達氏は南朝方であったが、前述のとおり、結城氏とは高野郡をめぐって所領争いを展開していた。

白河の結城氏を中心に前後左右をみてみると、親朝が常陸小田城まで遠征することは不可能であった。もし、強引に出兵すれば、本拠地の白河を幕府方に落とされる危険が存在していた。このような立場にもかかわらず、常陸の親房から次々と援軍を請う書簡が届いたのである。

親朝が、まったく軍事行動をしなかったわけではなかった。たとえば、小田城をめぐる攻防戦が激しくなり始めた暦応四年（興国二年、一三四一）閏四月に、高師冬は烟田兼光（かねみつ）宛てに「白河凶徒（結城親朝）が石川荘の村松（むらまつ）城に寄せてきたので、一族を引き連れて防戦を願いたい」（二―一八七）との軍勢催促状を送っているのである。また、翌年にも兵を送ろうとしていたが、果たされなかったともいわれている。時が経てばたつほど、幕府方（師冬軍）が優勢になっていき、親朝が動こうとしても動けない状況がますます強まっていったと思われる。

北奥羽の北畠顕信と親朝

北奥羽の動向にも少し触れておこう。陸奥国府は幕府側の奥州総大将である石塔義房が押さえており、この地を奪還することが南朝側の一つの目的であった。ここを落とせば奥羽の南朝方はきわめて有利になると踏んでいた。そのために、南朝は北畠顕家亡き後にその中心となった弟の顕信に大きな期待を寄せていたのである。その顕信が奥羽に入ったのは興国元年（一三四〇）六月末ごろであり、親朝とは合流せずに常陸から海路、石巻日和山城に入った。この将軍顕信が無事であったことは親房から何回も親朝に知らされている。

奥羽に入った顕信は、北奥羽に積極的に軍をすすめた。興国二年（一三四一）閏四月二十日付けの顕信側近の五辻清顕による親朝宛ての書状では、北奥羽の情勢について「南部以下の奥羽の官軍（南朝軍）が斯波・岩手の両郡を責めて退治し、河村一族やその他の諸氏が味方に参ったことで、稗貫一族の主たる者を討ち取った。わが方は、たいした損害はなかった。そして葛西以下の和賀・滴石等が手を組んで不忠者を退治しようとしている」などと書かれている（二―一八八）。

確かにその後、激しく足利方の府中（多賀城）を攻めているのである。五辻の興国二年七月二十二日付けの書状（二―二〇八）によれば、不忠者退治のため伊達とともに親朝の援軍を求め、さらに十月十九日の書状（二―二一九）には、九月三日より連日合戦が続き、敗北することもなく、この二・三日の間に松島（まつしま）に討ち入り、ほどなく府中の足利方を退治しようと思っていると書き送ったりしている。

これ以後、府中軍と北畠顕信軍の間で激戦が展開されていった。この戦いは、必ずしも南朝の顕信軍が有利というわけではなく、北畠顕信が御教書で結城親朝の援軍を求めたりしている。

このように、親朝の立場はたいへんに厳しいものがあった。常陸の親房からの援軍要請が激しく行われており、一方、多賀府中の奪還のために足利軍と激しい戦いになっている顕信からも兵を送るように要請されていたのである。親朝は両者から期待されていたのであった。しかし、親朝は両方に援軍を出すなどという器用なことはできなかった。親朝は身動きができない状況にあったともいえる。

なお、顕信軍と足利方の府中をめぐる合戦は、親朝が幕府に降るころに決着がついており、顕信は国府の奪還に失敗したのである。

四、親房の没落と結城親朝

関・大宝城の孤立

北畠親房が立て籠もっていた小田城の城主小田治久が足利方に転じたことで、興国二年（一三四一）

十一月十日、親房は小田城を脱出して小田城から西北二〇キロメートルほどの関城（城主は関宗祐）に移り、親房に従っていた春日顕時（顕国）は大宝城（城主は下妻（しもつま）氏とされている）に移ったことは前述したが、この城で親房等は二年余りの間、苦闘するのである。ここでは、彼らが東国から没落した最後の年である康永二年（興国四年、一三四三）の状況について、親房、親朝等の動き、尊氏の意図などを通してみておこう。この年は東国における南北朝動乱の大きな転換となった年であった。

大宝城跡の空堀と巨大な土塁　茨城県下妻市

関・大宝城が小城であったことにもよるが、鎌倉府軍の圧倒的に優勢な事態の中でこの城に落ち延びてきたことで、両城に籠もる親房等は鎌倉府軍に攻められて当初から苦戦が続いていた。関城と大宝城の行き来も困難な状況となっていたため、親房等にとって大きな望みは、陸奥国白河を拠点に南軍として旗幟を鮮明にしている結城親朝が援軍を派遣してくれることであった。しかし、彼がなかなか動かなかったことは、すでに述べたとおりである。そしてこの間、親房等は親朝に激しく援軍の催促をし続けたのであった。しかし、親房のもとには親朝から「砂金（さきん）十五両」が送られてきただけであった（二―二五六）。

親房らは小田城を脱出した後、これらの小城で一年以上、鎌倉府軍の攻撃を持ちこたえていたが、いよいよ親房が東国から没落する最後の年がきた。興国四年が明けた一月十六日、春日顕時は結城親朝に対して新年の「慶賀」を述べたあと、強く支援を求めた。足利尊氏の母親（上杉清子）が死去した（彼女の死は康永元年十二月二十三日）のは好都合であること、また、美濃の土岐頼遠（よりとお）が誅殺されたので、その子息たちが尊氏に敵対するだろうから「聖運（せいうん）」の至り、時節到来であるとして、奥羽の味方が進発したなら大きな利を得るだろうと援兵を要望し、勝利を展望する状勢を述べている。しかし、関城・大宝城間の水路（大宝沼）での連絡の困難さをも指摘しているのである（二―二五九）。鎌倉府軍はこの間、関・大宝城を取り巻く陣を強化していた。両城を取り巻く大宝沼は天然の要害だったが、その沼も足利方に押さえられており如何ともし難い状況であった。このような中、淡い期待を抱き、藁をもつかむような思いで親朝に伝えたのが、尊氏の母親の死去と内紛のような状況となっている京都の政界内部の動静であった。

二月朔日には、同じく春日顕時が親朝に対して書を送り、その内容は一月二十六日に凶徒（鎌倉府軍）が関城の「堀際」まで押し寄せて合戦をしたこと、味方の奮闘により撃退したということをしらせ、このような様子から、親朝に急ぎ支援を求めるというものであった（二―二六〇）。もはや、関城は完全に孤立してしまい、城の堀の近くまで押し寄せて来た敵方をようやく撃退した状況が述べられており、浮足立っているのである。このような中、南朝方に属するとみられていた東国の国人らが次第に離れていき、ますます孤立が深まっていった。

尊氏の画策

ところが同月二十五日、結城親朝と子息顕朝のもとへ足利尊氏が「一族ならびに一揆の輩をひきいてさっそく味方に参り、軍忠をなしたならば、建武二年（一三三五）以前の知行地を安堵する」との軍勢催促の御教書を送ってきたのである（二―二六一）。この尊氏の提案に対して、親朝の心は激しく揺れ動いたと思われる。

尊氏のこのような行動は、奥羽の南朝方を攻めていた当時の総大将であった石塔義房と連携してなしたものではなく、京都にいる尊氏が東国の状勢を総合的に判断して発信した御教書であったと思われる。そのことは、三月二日に義房が北党の相馬親胤宛てに義元（よしもと）（義房の子息）が「白河以下所々の凶徒退治のため、今月中発向すべきなり」と述べて、親胤に対して「早く馳向軍忠致すべし」との軍勢催促の書下状（二―二六三）を送っていることから知られる。石塔義房は、北畠顕家と戦って鎌倉で敗死した斯波家長の跡を継ぎ、奥羽の北軍のトップである奥州総大将として建武四年（一三三七）

に奥羽に派遣されてきていた。

尊氏は奥羽の軍事的な対応は義房に委任しながら、奥羽支配をめぐっての大きな方向性については義房の頭越しに行動していた（将軍であるから当然であるが）。二月二十五日の軍勢催促状の発布以前、尊氏は何回か親朝と接触を試みていたようである。たとえば、暦応五年（興国三年、一三四二）四月二十七日に尊氏から結城親朝宛てに「御方に参り忠節を致し、戦功を挙げたならば本領所職を安堵する」との御教書（二―二四六）が出されているように、尊氏は京都から親朝の心を揺さぶる行動を繰り返していたのである。そして親朝が幕府側に寝返る感触を得た尊氏は、康永二年（一三四三）四月十九日、奥州総大将の石塔義房に対して、結城親朝・顕朝、藤原英房、伊達一族等に対して「御方に参り、軍忠を致すように」と働きかけていることを伝えたのであった（足利尊氏御判御教書案、二―二六七）。

義房はこのころ軍の司令官的な地位から、奥羽の行政官のトップである「奥州管領」的な行動をとり始めていた。だが、頭越しの尊氏の結城氏などへの対応について、心中穏やかではなかったはずである。何らかの問題があったのか、常陸合戦が終了した一年余の後、義房は突如、京都に召還されてしまう。帰還させられた理由は、戦闘がきわめて有利に展開していることから、彼に与えられた軍事指揮権を逸脱して行政権（奥州探題的な権利）までも行使するようになったからといわれている。少し有頂天になりすぎたのかもしれない。

尊氏等の親朝への工作をほとんど知らない南朝側は、相も変わらず援軍を要求し続けるが、その中で真壁幹重（まかべもとしげ）（真壁城主）も親朝に援軍を要請している（真壁幹重状、二―二六五）。興国四年（一三四三）四月五日のことである。その概要は、「結城宗広に鎌倉でお会いしたこと等」を挨拶の前文となし、その後の本文で敵が城まで迫り苦戦が続いていることから支援を要望しているが、その中で「伊佐（いさ）、中郡（ちゅうぐん）の城、西明寺（さいみょうじ）に少しの勢力でも送っていただきたい。もし、当地に兵を送らなかったならば当城（真壁城）や伊佐などは敗れてしまうと考えられる。陥落すればここから小栗（おぐり）まで敵の支配地となり、関・大宝城への出入りも絶えてしまい、そのときに両城はきわめて難儀となるであろう。このような状況で、もし当地へ援兵しなければ敵と変わらぬと考えざるをえない」と、強硬で率直な書状を送っているのである。

南朝を支援する関城周辺の国人層も苦戦、苦戦であった。なお、ここに見られる「伊佐城」（茨城県筑西市）は伊達行朝が立て籠もっている城であり、伊達氏の先祖の地、本領であった。しかし、関・大宝城が落ちた時に同じく落城した。中郡は那珂郡であろう。行朝はその後、南奥の伊達・信夫（しのぶ）郡等に軍勢を引き、数年にわたって南朝方として行動するが、ついに足利氏側に降るのである。

四月十六日、春日顕時がまた親朝に書状を発した。そこでは、顕時が三月末に関城に入ったところ、三月二十九日と四月二日に敵が押し寄せてきたが、撃退した。そのときに敵方（鎌倉府軍）の結城惣領（下総国、結城直朝）ならびに一族・郎等、および佐竹一族等（常陸国の領主層）を討ち取ったこと、通路をふさぐ凶徒とたびたび合戦して多くの敵を討ち取ったことなどを親朝に知らせ、三百騎でもよいからと「合力（支援）」を要請している（二―二六六）。自分たちの戦果を強調することにより、親朝の心を動かそうとしたものと考えられるが、しかし、それでも彼は動かなかった。

興良親王の処置をめぐって

五月になると「関城での戦闘の苦戦」以外に、親房の気にかかる状況が起こってきた。六日、親房は敵方の状況を伝えた親朝へ、吉野にいた「御一所」（宇津峰宮守良親王か）が今月一日に下向してきた。（道中）何事も無かったことはめでたいことである。自分はまだ会っていないとし、続けて「これは内々のことであるが、本竹（興良親王）がたいへんに危うい状況である。早く、その地（白河）から軍勢を発向したならば無事であろう。彼の運命がかかっている。無事ならば今後も元のごとくよろしく頼む」と述べ、また「新竹（下向してきた新しい親王）」がいるので、諸人に仰せ申すことがいろいろあるであろうなどと書き送っている（二―二六八）。

この興良親王が「危うい」とはどのようなことであろうか。これは二年前に起こった「藤氏一揆」

に関わるものであった（このことはすでに述べている）。興良親王は護良親王の子で、母親は親房の妹であった。彼は東国に下り、親房に迎えられて「盟主」として彼と行動を共にしていたが、親房と興良とは「藤氏一揆」に関わるゴタゴタで別れてしまったようである。しかし、かつて盟友であった護良親王の子息で、後醍醐天皇の孫（親房にとっては甥）であるということで大いに気にしていることも事実である。

興良親王に関することを具体的に論じているのが、同日に添え状として出された親房側近範忠の親朝宛ての書状である（二―二六九）。

> 先月二十日の書状が、今月三日に届いた。色々籌策や談合されていることはよいことである。小山辺のこともさまざまに聞いているであろう。（小山辺にいる）竹御事（親王のこと、具体的には興良親王）について、京都より「他手」に渡されるように申してきているのはとんでもないことである。（中略）内々は御存じであろうが、かの竹（興良）は楚（粗）忽な振る舞いを行っているので、今においては惜しむような人物ではない。しかし、そうは言っても「他手」に移り一生が終わることになったならば、それは家の傷となってしまう。楚忽・参差（ちぐはぐ）な行動はよくないが、思い立ってこのように頼み仰せられるのは、親王を渡すということは、無念なことと言うことができるからである。また近日、軽率にそのようなことが行われたならば、まったく「正

体」（正気）があることではないといえる。また、親王も志があるから「他手」に渡された後は、切り果てるのではないかと思われる、これは無念である。何とか策略を巡らして、一家の美談にしてほしい。（以下略）

この文面だけでは、理解不能の箇所が存在する。これを理解するためには二年前に起こった、南朝側の一部の人々が企てた反親房の事件について検討しておかなければならない（この事件は前述しているが、再度確認しておきたい）。

この件について親房の耳に聞こえてきたのは、興国二年（一三四一）五月ころのことであり、南朝の左大臣であった近衛経忠が吉野から出て京都に帰ったというのである。そして東国で小山氏を中心に「藤氏一揆」を画策しているというのである（「親房と吉野近臣の対立」参照）。その中で、近衛が天下に号令し、小山氏を坂東管領にするというものであり、さらに新田義貞の嫡子義興もそれに荷担するのではないかというものであった。このような画策は単なる「荒説」ではなくて、事実、吉野から東国に下ってきた律僧等が行っていた（当時の律僧は秘密文書や指令を受けて各地に派遣される連絡係のような僧侶であった）。強固な主戦・戦闘派であった親房に対して、これは明らかに反親房の動きであった（和平工作ではないかといわれている）。このような中で、東国の反親房派に担がれている興良親王の動向が問題であった。

京都の近衛経忠と親房の対立は、吉野の講和派と東国の戦闘強行派の相克と一般的には見られている。興良親王は最初の段階では親房側だったようであるが、このときには小山氏のもとに参っていたようである。その興良について、京都（近衛等）から彼を「他手」に渡せといってきたというのであり、そのことに親房等は興良の軽率な行動や欠陥をあげつらいながらも強く反発しているのである。

ここに見られる「他手」とはどのような人物かが問題となるが、どうもこれは反親房方の人物のようである。七月三日の親房の書状（二─二七二）の中に、聞くところによれば「小山事、去るころ他方より以ての外謳歌候き」とあることから、興良は「他方（手）」に移り、彼らは意気軒昂とされていることから結果は推測できる。ここでも親房の意向は瓦解している。京都側がどのような理由で興良を「他手」に移すことを望んだか不明だが、たぶん「親房を除いて」東国の南朝軍を再構築する盟主にしようとしたと推測される。なお、興良は常陸合戦の後に吉野に帰り、幕府軍と戦うなどの活躍をしていることが知られている。

範忠書状は前掲文の後に援軍の要請、鎌倉府軍の動静を伝え、関・大宝城などの食料が欠乏している状況、田村庄司が千疋送ってきたこと、吉野からきている僧浄光（じょうこう）などの動向をつづっている。

親朝、尊氏に投降

いよいよ親房は追い詰められてきていた。六月十日付けの石塔義房の親朝宛ての軍勢催促状（二―二七二）によれば、石塔義房と結城親朝との間には「御方に参る請文」の取り交わしが行われようとしており、ついに親朝は幕府方に転ずることを決意したようである。このような親朝の動向を薄々知ったのであろうか、親房は七月三日に親朝に書を送り、亡父宗広の最期を引き合いに出してきている（二―二七二）。

彼が伊勢で死去したことを哀れに覚えると述べたあと、「あい構えて、たとい此の方を見捨てらると雖も、至孝の全一たるべきや、この度大略かくりんの一句と存ずるの間、かくの如く申し候なり」と、悲壮なる文言で末尾を締めくくり親朝の忠節を求めているのである。なお、「かくりん（獲麟）」は物事の最後を意味する語であるという。苦戦を重ねる南朝側は、しきりに親朝の父親である故宗広がいかに忠勤にはげんだかを引き合いに出し、親子の情に訴えかけて親朝の心情を揺さぶろうとしたが、もはや手遅れであり、親朝は足利方と意を通ずるようになっていた。

さらに、親房は焦ったのであろうか、十日後の七月十三日、結城親朝を上総国守護職に吹挙（推挙）した（二―二七五）。この件に関わって、同日長文の「事書」を親朝に送っている（二―二七四）。その条々の内容は「伊勢国で入滅した亡父結城宗広の忠節を強調して強く援兵を促していること、諸氏の恩賞等に関すること、宗広の所領問題」等であったが、最後には「一国守護職」について述べている。そこには「このことについては気にかけている。先年、下野国守護に補任したが〈延元元年〈一三三六〉三月廿日付け義良親王令旨によって親朝が下野国守護職に補任されている〉、小山氏の意向（了承しなかったこと）により、実質上、守護にはなれなかったといえよう。それゆえ、分国（坂東のことか）の外ならば何とかなるであろうが、分国内でも上総ならば異論はないと思われる。よって、どうこういわずに吹挙するものである」と書かれているのである。

ここまで来れば、親房の最後のあがきといえる。親房が小田城中で書いたといわれる『神皇正統記』には「一時的な勲功により官位を昇進させたりしてはいけない、本人のためにもよくない、それは国政を乱すもとである」と強調しているのである。だが、このような親房の思想からみたならば、上総国守護職に推挙するという親朝への対応は矛盾したものだが、追い詰められた親房にとってこのような点を顧みている暇はなかったといえる。

その後、八月二十三日に親房が（二一―二七六）、三十日に春日顕時（顕国）が親朝に書状（二一―二七七）を送ったが、もはやいかんともしがたい状況となっていた。親朝は八月十九日、意を決して足利方としての「旗」を挙げたのであった。それについて康永二年（一三四三）十月二日付けの石塔義房の書下状案によれば、「さる八月十九日に（足利方に）旗をあげられたと申していることは大変にめでたいことである。一族ならびに一揆の輩をひきいて早く味方に参り、軍忠をいたしたならば、建武二年（一三三五）以来の知行地を安堵する」（二―二七九）と、尊氏が去る二月に親朝に発信した約束を確認しているのである。

そして康永二年十一月十八日付け石塔義元書下状（二―二八一）によれば、「常州関・大宝両城の凶徒が、去る十一・十二日の両日に没落したという。よってその与党類が当国（陸奥国）に逃げ込むのではないかとのうわさがある。早く関所等を警固して不審者を搦めとれ」と書かれている。ここに記されているように、関・大宝両城はついに康永二年（興国四）十一月十一日・十二日に陥落した。そして北畠親房は吉野に退去したのであった。親房の東国における奮闘も終わった。彼は東国での経験を糧に以後の足利方との戦いで大活躍したことは周知のところである。親房は動乱の時代が生み出した強烈な個性をもった人物であったといえる。

終章　幕府へ投降後の白河結城氏

一、親朝と幕府

結城親朝と一族ならびに一揆勢

足利尊氏の康永二年（一三四三）二月二十五日付け御教書（二―二六一）で「一族ならびに一揆輩を催促し、早速御方に参り軍忠いたさば」と所領を安堵すると約束しているが、親朝が足利方となったときの「一族・一揆輩」についての注進状が発せられている。長文であるが、以下のものがそれである（二―二七八）。

註進
結城
太田九郎左衛門尉広光　　結城下総三郎兵衛宗顕
同能登権守経泰　　同五郎左衛門尉泰忠
村田
安芸権守政胤　　下総権守光成

長門権守胤成　藤井五郎左衛門尉朝貞
備前権守家政　修理亮政景
　下妻
下野二郎左衛門尉景宗　同五郎右衛門尉政国
同徳犬丸　同王犬丸
同五郎兵衛尉　同八幡介景貞
　長沼
淡路八郎左衛門尉胤広　同七郎兵衛尉宗清
伊賀権守入道宗意　同益犬丸
越中権守宗村　信濃権守時長
同弥五郎入道戒願　同又七左衛門尉宗行
同五郎兵衛尉宗親　同大輔法眼宗俊
河村山城権守秀安　同一族等
荒巻五郎左衛門尉秀光　南条蘭夜叉丸
標葉三河権守清実　同三郎左衛門尉盛貞

同太郎兵衛尉清俊　　同三郎兵衛城清房
石河駿河権守光義　　同大寺孫三郎祐光
同千石六郎時光　　同小貫三郎時光
同一族等着到在別　　伊賀孫太郎左衛門尉親宗
同三郎左衛門朝末　　五大院兵衛入道玄照
伊東刑部左衛門入道性照　　同常陸新左衛門尉祐信
同五郎入道顕光　　那須首藤兵衛尉高長
田村遠江権守宗季　　同一族等
佐野九郎入道重円　　中村丹弥五郎実泰
班目周防権守惟秀　　牟呂兵庫助親頼
由利兵庫助入道輪照　　船田三郎左衛門尉高衡
競石江左衛門尉祐遠　　和知三郎兵衛尉朝康
豊田刑部左衛門尉親盛　　白坂治部左衛門尉祐長
右註進件のごとし
康永二年九月　日　　修理権大夫親朝

陸奥国白河という地域は、地政学的にみてきわめて重要な地であった。この地を押さえることが、東国や奥羽を支配するために戦略上きわめて重要な場所で、東国のかなめともいうべきところであった。後醍醐は早くからこの地の重要性を認識しており、親房も同様であった。

このようなことは、親朝のこの注進状にもよく表れている。注進状にみられる武士層が、尊氏の求めに応じて足利方に参加した「一族ならびに一揆」の者たちである。ここに記されている武士たちはかなり広い範囲にわたって存在している国人たちだが、その中心になっていたのが、北関東から南奥羽の東山道、東海道近辺の国人層であった。彼らが一揆的な形で結城親朝のもとに結集していたのであり、親朝はそれらの人たちの盟主だったのである。具体的にみてみることにしよう。

最初に書かれている太田九郎左衛門広光は結城親光の子供とされており、結城親光は大田親光として『梅松論』などに登場し、その活躍については前述した。親光が戦死したあとに太田広光は、一時期、吉野にいて活動していたと推測される文書も存在している（二―一六〇、一六二）。その彼が、いずれの時かに奥羽に下ってきていたのである。

このように結城一族を最初に置き、続いて一揆している者たちを配置している。有力な近隣武将として、常陸国（茨城県）村田荘の村田氏、大宝城城主下妻氏の一族、下野国（栃木県）長沼荘の長沼氏、佐野荘の佐野氏などをあげているが、彼らとは常陸合戦の関係で連携していたのであろう。また、陸奥国紫波郡（岩手県）の河村氏、出羽国由利郡（秋田県）の由利氏らについては、前述したように、北畠顕信が親朝に強く出兵を要求したことから、顕信軍との関わりであろう。

三河国渥美郡牟呂郷（愛知県豊橋市）の牟呂氏は、結城宗広が三河国渥美郡牟呂郷を所有していたことにより、牟呂氏は従者に近いのではないか。福島県関係（陸奥国南部）については、宇多郡（相馬氏が支配するあたり）の中村氏、標葉郡（双葉郡）の標葉氏、岩城好間荘の伊賀氏、田村荘の田村氏やその一族、安積郡の伊東氏、石川荘の石河（川）氏、白河荘の班目氏・船田氏・競石氏・和知氏・白坂氏というように広範囲にわたるものであった。その他に、上野国勢多郡荒牧より起こったとされている荒蒔氏、下野の那須氏、北奥羽の河村氏や南条氏らがみえる。河村氏は、将軍北畠顕信方の奥羽攻勢の武将として活躍していることについては、前章で触れている。

彼らの中には結城氏と主従のような縁があったり、結城氏の所領があったりするところの武士たちであったが、もう少し考えてみよう。

字の高さを落として特記されている村田氏一族（六名）は、秀郷流藤原氏で小山氏の一族、下妻氏一族（六名）も秀郷流藤原氏で小山氏の一族である。長沼氏一族（十名）も秀郷流藤原氏で小山氏の氏族であった。結城氏一族（四名）も秀郷流藤原氏で、この四氏は同格で一揆していたものと思われる。

中村氏・班目氏・牟呂氏・由利氏・船田氏・競石氏・和知氏・豊田氏・白坂氏は、結城氏の被官的存

在だったのではないかといわれている（清水亮「在地領主の被官と南北朝内乱」）。長沼氏十名のあとに存在している河村氏や荒蒔氏、南条氏などの所領は不明だが、北関東か奥羽に所領を持つ国人であったろう。その他、標葉氏・石河（川）氏・田村氏・伊東氏などは「福島県の浜通りや中通り」の有力国人であり、白河結城氏と一揆して南朝方として活動していたのである。

以上のように、結城親朝は主として北関東から南奥羽にかけて、奥大道（おくだいどう）沿いに国人等と一揆的な結合で強大な勢力を築いていたことが知られる。そして、その後ろには伊達氏が存在していた。北畠親房が親朝の出陣・支援に大きな期待を寄せていたこともうなずけるのである。しかし、親朝は少しばかりの金銭は送ったが、とうとう親房のもとには軍勢を発せず、足利方に降ったのである。

親朝が足利方に降ったあとの十一月十八日、石塔義元は十一月十一・十二日に関・大宝両城が陥落したことを親朝に伝えている（二—二八一）。この後、親房は失意を胸に吉野に帰ったが、彼の胸中に去来する「東国への思い」はいかばかりであったろうか。

十月二日、幕府側総大将である石塔義房は、結城親朝に対して八月十九日に「御方に参った」ことを「建武二年以来の知行地の安堵」の尊氏御教書を確認し、承ったことを書下状で発している（二—二七九）ことはすでに述べた。しかし、この尊氏の御教書は観応の擾乱が起こるまでは、残念ながら「空手形」であったことが知られている。このようなことは動乱期にはよくあることであった。結城親朝が幕府側となった後の奥羽の状況を次に見ておこう。

幕府側の約束不履行と親朝の死

奥羽の幕府軍は北畠顕信軍と激烈な戦いを展開したが、何とか持ちこたえている間に、親朝が幕府に降ったので、顕信軍は北奥に退いた。建武四年（一三三七）に奥羽に下り、ここまで奥羽の総大将として活動していた石塔義房は、幕府側が一応奥羽を制圧して南朝勢力の力が弱まり小康状態になった康永四年（貞和元年、一三四五）ころ、京都に召喚された。そしてその後に奥羽に下向してきたのは、吉良貞家（きらさだいえ）と畠山国氏（はたけやまくにうじ）であった。

両者は貞和二年（一三四六）に多賀国府に到着し、「奥州管領」と呼ばれるようになっていた。奥州総大将という軍事的な名称から、両者ともに管領という軍事的な役職を含む権力機構内トップの呼び方に変わったのである。その理由は、南朝軍を圧倒したことで奥羽支配を軍事的なものから、行政組織を通して支配していくという意図であった。なお、なぜ二人の管領かといえば、中央の幕府内が二頭政治だったからである。吉良貞家は直義派、畠山国氏は高師直（尊氏）派であり、両者の協力によって奥羽を支配していこうとしていた。

このように幕府の支配は次第に強固となったが、尊氏が親朝に約束した「建武二年以来の知行地」

の安堵はまったく受けられなかった。吉良・畠山の奥州管領から親朝に与えられたのは、わずかに「陸奥国白河荘・岩瀬郡・小野保」の検断奉行だけであった(二―二九七)。安積郡は「追ってその沙汰をする」(二―二九六)というように保留ということであった。親朝はきわめて不満であったが、如何ともしがたい状態であったといえる。

南奥羽での勝敗はほぼ決して幕府側が圧倒的に優勢になっていたが、まだ、南朝側の拠点がいくつか残っていた。それは霊山と宇津峰(うづみね)(福島県郡山市・須賀川市)の両城であり、伊達郡藤田(ふじた)城(同国見町)などであった。幕府側は貞和三年(一三四七)七月ころから、これらの拠点を一掃するために攻撃を開始し、九月ころに城は落ちて決着した。この攻撃は、結城氏にとって所領回復の契機になるとの思惑から、親朝の子顕朝も積極的に参加して軍忠をなしていたようである。この軍忠について、顕朝は管領に「建武二年以来の知行地」の安堵を得たいとの上申書(二―三〇五)を出している。そこには大略、次のように書かれていた。

康永二年二月二十五日付けの京都御教書(尊氏御教書)よれば、顕朝父子が味方に参り軍忠をあげれば、建武二年以来の知行地を安堵するとある。軍忠の次第や所領について、去々年貞和二年に管領からご推挙にあずかったが、いまだ実現していない。しかるに去年の霊山・宇津峰退治の合戦のときの軍忠により感状ならびに証判をいただいた。親朝は病気であるので、顕朝が合戦に参加して数か度にわたって功をあげたのである。（中略）だがいまだ御教書の約束が達せられていないのは、顕朝の不運だけではなく、諸人が安堵の思いをしがたいのではないか、それゆえ早く京都に推挙して安堵の下文をいただきたい。

以上のような顕朝による愁訴（しゅうそ）が提出されると、吉良貞家・畠山国氏の両管領は軍忠があったとして連署した推挙状を幕府執事の高師直に挙げている。しかし、これの件の願いはかなわなかったとみられる。たぶん、この後に親朝は「建武二年以来の知行地」の安堵をみることなく病死したと思われる。

観応の擾乱による所領回復

白河結城氏にとっては失意の数年であったが、幸運が訪れてきた。畿内において、尊氏と足利直義による観応の擾乱という幕府内の激しい抗争が出現して、その余波が奥羽に及んできたのである。この擾乱が白河結城家に大きな幸運をもたらした。

京都政界内部において、貞和五年（一三四九）六月ころから、尊氏の執事高師直と弟直義との間が不穏となり、八月には抜き差しならない大騒動が勃発したのである。直義と師直の武力衝突である。師直の強い要求で幕府内の役職を辞任していた直義は、観応元年（一三五〇）十月に大和に逃れて再起をはかろうとした。翌月、直義は師直らを討とうと南朝と結んで兵を挙げ、京都に進軍してきた。

これにより、直義は尊氏と全面的に対決することになったのである。いったんは直義が勝利したが、結果的には尊氏が直義を殺害して終わった。

この擾乱は奥羽にも大きな波紋を広げたのであった。まず、奥州管領制の崩壊であるが、この擾乱は中央の二頭政治の解体となり、中央の政治状況が直接、奥羽に及んできたのである。直義派の吉良貞家と尊氏・高師直方の畠山国氏は直接対決して、敗北した国氏は自決に追い込まれたのであった。観応二年（一三五一）二月のことであった。

この合戦のとき、結城氏の当主となっていた白河顕朝は吉良貞家側に属して畠山国氏と戦っている。結城顕朝が弟朝常（ともつね）に送った書状に「今日、岩切城（いわきり）（仙台市宮城野区）に押し寄せて合戦があった。敵を追い落とした。畠山高国（たかくに）・国氏父子は切られ、その外御内・外様百余人が討ち死に、腹を切った。目の前で起こったことに愛らしいことは一つもなく、遊佐（ゆさ）の者どもには哀れを覚える。一人も残らず討ち死にし腹を切ったのである。（中略）当手の者は留守（畠山国氏方）の後ろの詰手であったので合戦には及ばず残念である。しかし、大将はこの後詰であったことを「忠か上忠」と仰せられた」と、喜んで書いているのである（二―三二五）。その後、顕朝は吉良貞家から白河関やところどころの通路の警固を命ぜられている。

このように、吉良貞家が勝利する岩切城の合戦で手柄をたてたことで直義から感状が与えられ、さらに尊氏が約束を反故にしていた「建武二年以来の知行地」について、直義派の吉良貞家は「領掌相違あるべからず」とすぐさま安堵したのである（ただし、京都側の正式書類はきていない）。ところが、この奥州管領の内紛を契機に北畠顕信が勢力を拡大して、多賀国府を攻め始めた。このような中、京都では尊氏・直義の対立が再燃して直義は鎌倉に下向し、尊氏も直義を討つために関東に向かった。南奥に大きな勢力を持つ白河結城氏に対しては、足利尊氏・直義の両派から軍勢催促の命が下り、南朝側の北畠顕信からも味方に参ることを要求されたのである。

奥羽のこのような情勢から、尊氏が親朝を親房側から引き離すために発し、空手形のような形で存在していた「康永二年二月二十五日の尊氏御教書（建武二年以来の知行地の安堵）」の約束がようやく果たされることとなった。直義側に勝利した将軍足利尊氏は、観応二年八月十五日付結城顕朝と朝常宛ての御判御教書で「康永二年二月二十五日御教書に述べる所領」（二―三二五、三二六）を安堵したのであった。このときには結城親朝は死去していたであろうと思われる。親朝が尊氏から所領安堵の御教書を得てから、八年半後のことであった。

奥羽南朝方最後の戦い

前項で少し触れたが、南朝側について述べておこう。幕府側の内紛は奥羽南朝勢の再起に絶好の機

宇津峰遠景（西南より）　福島県郡山市　写真提供：郡山市教育委員会

会となり、北奥に追い詰められていた南朝方の総大将北畠顕信は、宇津峰を拠点としていた南奥の南党勢力と連携し、北と南から挟み撃ちにして陸奥国府（多賀城）を奪還しようとした。このような戦略構想にもとづき、顕信は南部一族等をひきいて北奥を出発して出羽国に入り、横手（秋田県横手市）を通り山形にいたった。国府にいた吉良貞家は、これをみて弟の吉良貞経を出羽に派遣し、観応三年（一三五二）三月初旬ころ、山形近辺で顕信軍を迎え撃ち両軍が激突した。

この南奥羽における戦闘は決着がつかず膠着状態で半年ほど過ぎたが、戦線が動いたのは十月に入ってからである。この月の二十二日、南朝方が柴田郡（宮城県）付近での激戦の末に相馬、武石氏らの幕府軍を破り陸奥国府にせまった。そして一か月後の十一月二十二日、現在の仙台市長町付近で吉良貞家軍と戦い、それを撃破し国府を占拠したのである。敗れた貞家は伊具郡（宮城県）から相馬、小高を経て海道（現、福島県浜通り）沿いに岩城まで逃げて、この年の末に岩瀬郡の稲村（福島県須賀川市）にいたったのである。

奥羽の南朝の勢いもここまでであった。翌年の観応三年（文和元年、一三五二）には、次第に形勢が逆転していった。幕府内部の尊氏と直義の抗争も尊氏が勝利すると、（尊氏と吉良貞家の敵対関係も解消されたことにより）にわかに吉良勢が有利になっていった。この年の三月、吉良貞経（貞家の弟）が率いる軍勢は、再び陸奥国府を奪い返した。このために北畠顕信は南に逃れて宇津峰に立て籠もったのである。これから一年以上にわたって宇津峰の攻防戦が展開されるのであるが、文和二年（一三五三）五月には宇津峰は落城して、顕信は北奥羽を目指して逃れていった。彼が再度、南下することはなく、奥羽における南北朝動乱は実質上終わった。以後の奥羽は、京都から下ってきた武将たちが奥州管領を自称して争う時代となったのである。

この間、結城一族は南北の両派から軍勢催促や所領安堵等を約束されており、そのために去就（身の処し方）があいまいであった。しかしすでに述べたように、最終的には尊氏の要請を受け入れて尊氏方に属し、関・大宝城が落ちたときの尊氏の約束がようやく果たされたのである。

二、白河家と小峰家の並立

奥州管領制の解体

大軍を動かして攻防する時代は終わった。奥羽の大地も大きく変化する時代となりはじめていた。観応の擾乱の後に、中央の幕府においては将軍権力の分裂を克服して将軍―管領制度が確立していったが、奥羽の地においては中央と反対に支配権力がさらに分裂して、四分五裂というような状態になっていった。すなわち、自らが奥州管領であると主張するものが何人も現れてきたのである。

それらの人々を列挙すると、奥羽の観応の擾乱の勝者であった吉良貞家は、乱終息直後くらいに死去したと考えられているが、その一族の吉良満家（みついえ）、自害した畠山国氏の子国詮（くにあき）（大石丸（おおいしまる））、石塔義房の子義元、斯波家兼（いえかね）、家兼の子直持（なおもち）、さらには石橋和義（いしばしかずよし）らであり、この時代を奥州四管領時代とも呼ばれる時代にいたった。奥州管領による奥羽支配は解体状況となり、南北朝時代末期にはとうとう奥州管領制は消滅してしまうのである。

しかし、在地には新しい動きが起こってきていた。一つは近隣の国人が相互に一揆を結び、新しい支配の在り方を模索し始めたことであり、もう一つは所領の分割相続（所領を兄弟らが分割して相続する方式）から単独相続（所領を最も有能なもの一人に譲り与える方式）に移行し始めたことである。

本宗家白河結城氏の所領継承

白河氏も新しい動きをし始めた。動乱期に、結城氏も単独相続に移行し始めていた。応安二年（一三六九）に結城顕朝（親朝の長男）は子の満朝（みつとも）に次のような譲状（二―三七二）を与えている。

譲与　所領等の事

一　陸奥国白河荘南方知行半分
一　同国同庄摂津前司入道道栄（結城盛広）跡
一　同国高野郡
一　同国石河庄内郷々村々
一　同国宇多庄
一　同国津軽田舎郡内河辺桜葉郷
一　下総国結城郡
一　下野国中泉庄内二階堂下野入道跡、同下総入道跡
一　同国寒河郡内知行分郷々

一　出羽国余部（田川郡）内尾青村・清河村
一　同国狩河郷（田川郡）内田在家
一　京都屋地　四条東洞院
一　参河国渥美郡内
　　野田郷・高足郷・細谷郷・大岩郷・若見郷・赤羽郷・
　　弥熊郷・吉胡郷・岩崎郷・牟呂郷・草間郷
右、かの所領等においては、手つぎ証文を相そえ、
千代夜叉丸（満朝）に譲り与えるところなり、
他のさまたげあるべからず、後日のため、譲り状件のごとし
　　応安二年六月十九日　　　　（結城）顕朝（花押）

これらの所領は、建武政権下において結城宗広の所領であったが、延元元年（建武三年、一三三六）四月二日、宗広は長子の結城親朝ではなく、孫の顕朝に所有していた所領のほとんどを譲った。ここにみられる所領の多くは、宗広が譲ったものを顕朝が満朝に譲り与えていることを示している。なお、「摂津前司入道道栄跡」とは白河荘北方のことである。

満朝への譲状の中で、宗広からの譲りに見えない所領も存在している。高野郡と石川荘郷々である。

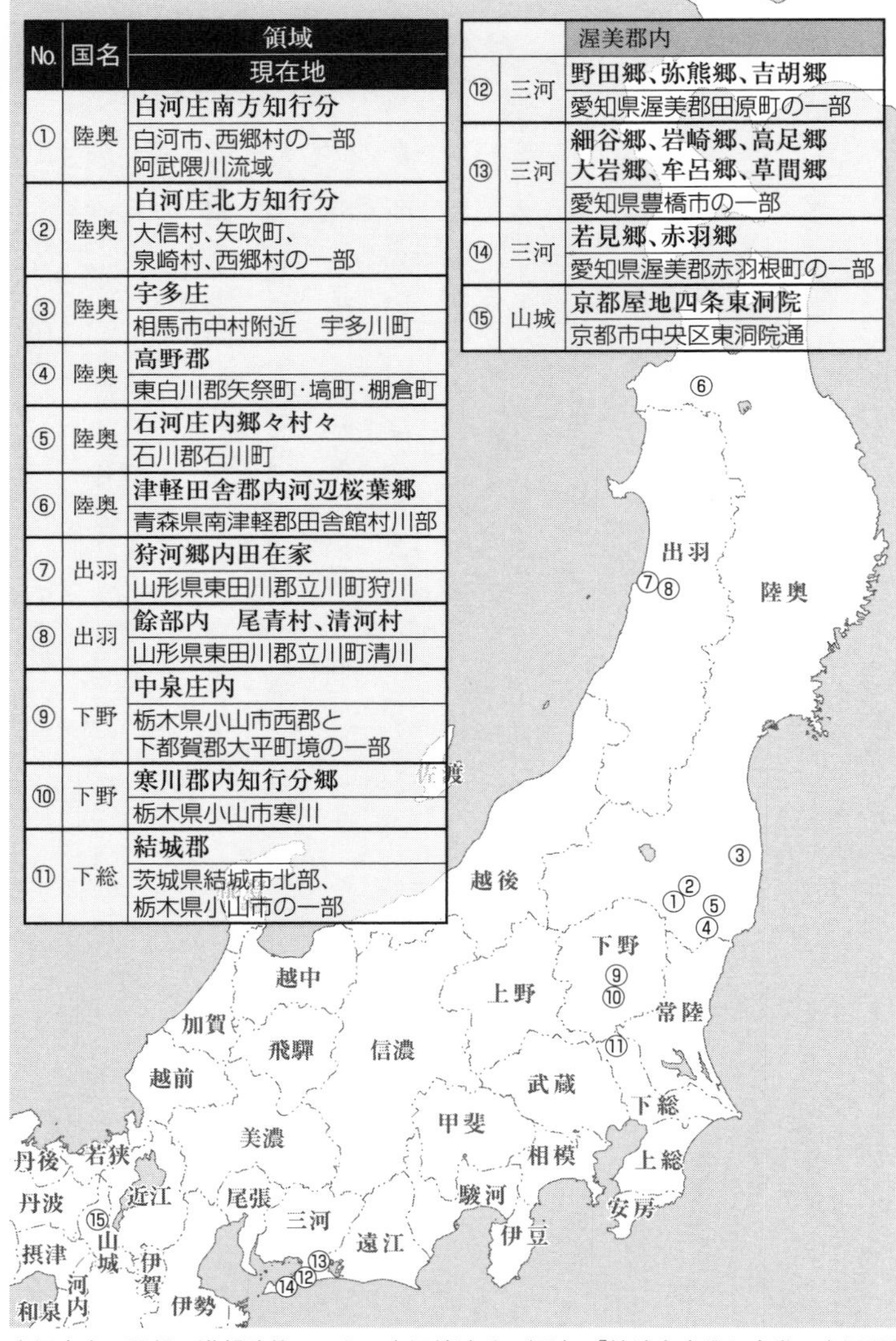

No.	国名	領域／現在地
①	陸奥	白河庄南方知行分
		白河市、西郷村の一部 阿武隈川流域
②	陸奥	白河庄北方知行分
		大信村、矢吹町、 泉崎村、西郷村の一部
③	陸奥	宇多庄
		相馬市中村附近　宇多川町
④	陸奥	高野郡
		東白川郡矢祭町･塙町･棚倉町
⑤	陸奥	石河庄内郷々村々
		石川郡石川町
⑥	陸奥	津軽田舎郡内河辺桜葉郷
		青森県南津軽郡田舎館村川部
⑦	出羽	狩河郷内田在家
		山形県東田川郡立川町狩川
⑧	出羽	餘部内　尾青村、清河村
		山形県東田川郡立川町清川
⑨	下野	中泉庄内
		栃木県小山市西郡と 下都賀郡大平町境の一部
⑩	下野	寒川郡内知行分郷
		栃木県小山市寒川
⑪	下総	結城郡
		茨城県結城市北部、 栃木県小山市の一部

		渥美郡内
⑫	三河	野田郷、弥熊郷、吉胡郷
		愛知県渥美郡田原町の一部
⑬	三河	細谷郷、岩崎郷、高足郷 大岩郷、牟呂郷、草間郷
		愛知県豊橋市の一部
⑭	三河	若見郷、赤羽郷
		愛知県渥美郡赤羽根町の一部
⑮	山城	京都屋地四条東洞院
		京都市中央区東洞院通

白河宗広・顕朝・満朝譲状にみえる白河結城氏の領地　『結城宗廣公と中世の白河展』（白河市歴史民俗資料館発行）掲載図を参考に作成

いつごろ顕朝の所領になったかは不明だが、宗広から顕朝に所領が譲られた直後ころ、宗広に北畠顕家から与えられ、それが顕朝の手に渡ったのではないかと推測されている。

白河結城氏の本宗家の所領は、結城家惣領だった結城宗広が所有していた所領が、親朝の手を経ずに顕朝に伝領され、さらに満朝のものになったのである。

親朝の朝常（小峰氏）への所領譲与

関・大宝城が落城した直後の十一月二十八日、親朝は朝常に所領を譲与している。それは陸奥国白河荘内、同国金原保内等、出羽国余部内の所領であった。白河荘は金山（金山郷カ）・上社・下社・屋森・小松・田島・堰和久・本馬・小萱・管野・大和田・飯村・鶴□□子・辻村・本岩・滑沢・四日市場の村々であり、金原保・□□保・糠部内九戸、余部内は一沢村であった。そして、そこには次のように記されていた。

右、彼の所領等においては、勲功の賞として、拝領知行相違なし、然れば綸旨以下の調度証文等を相副え、子息七郎兵衛尉朝常を以て、嫡子となし、一円譲り与えるところ也、この外譲り漏れる地あらば、惣領朝常これを知行すべし、他の妨げあるべからず、よって後状のため件のごとし

康永□(二)年十一月廿八日　　親朝　　（二―一八二）

上：小峰城跡三重櫓・前御門
中：小峰城跡外堀
下：小峰城跡（南から）福島県白河市
写真提供：白河市文化財課

ここに見られる朝常が譲り受けた所領は、父親の親朝が所持していた所領である。本来、結城氏が相伝していた親朝の父である宗広の所領は、すでに述べたように延元元年（一三三六）に、宗広から孫の七郎左衛門尉顕朝（父親は親朝）に譲られていた（二一八〇）。それゆえ、結城白河氏の惣領は顕朝系統であった。

朝常系統の流れは室町期に小峰（こみね）氏と称されており、本来は庶子だが、ほぼ自立した形で室町時代に存在し続け、惣領家と協調しながら南奥に強大な勢力を築いた。しかし、南北朝期に譲られた遠隔地の所領は次第に不知行となっていき、所領は南奥羽が中心になっていったと推測される。ところで、庶家の小峰氏は一六世紀初頭に本流を圧倒するようになるのだが、これについては、ここでの課題でないので述べない。

白河結城氏の系譜は、このように宗広から顕朝への系統と、親朝から朝常への系統に分けられる。それらの年貢高をみると、白河結城氏は五五八六貫九九一文、庶子の小峰氏は四六七一貫四一一文である。それほど大きな差はなく、室町時代の白河氏は二家が並立して所領支配を行っていたのである。

奥羽の国人にとって、自分の所領を中央の幕府や奥州管領の力、威厳で守ることは難しくなってきていた。そこで、どのような形で所領を維持したのであろうか。それは国人同士が一揆を結んで支配体制の維持をはかったのである。南北朝後半期になると、奥羽に多くの国人一揆の契状（けいじょう）（約束状）が現れてくる。結城氏とてその例外ではなく、近隣の国人と一揆を結んでいる。

永和三年（一三七七）に結城朝治（ともはる）と小峰政常（まさつね）との間に一揆が結ばれた（二一―三七七）。さらに明徳三年（一三九二）には結城満朝（みつとも）と小峰満政（みつまさ）との間にも一揆が形成されている（二一―三八八）。一族が連合・連携して所領支配を展開し始めたのである。世は一揆の時代になった。

おわりに

本書で論じたのは、鎌倉末期から南北朝初期のわずか二十余年ほどの白河結城氏の動向である。きわめて短期間の叙述であるが、南奥羽における南北朝動乱はほぼこの時期に終わり、次第に政治情勢も安定し、奥羽地方は国人を中心とする室町時代となっていくのである。

南北朝動乱の時期は日本歴史上、きわめて大きな転換期であったといわれており、政治・社会・文化等のいずれの分野においても、大きな変化が起こっている。奥羽の地でも同様に大きな転換をしていた時代であった。動乱の中で生き残る豪族もいれば、滅亡するものもいたし、そのような中で社会意識も転換していった。

動乱は政治的には鎌倉幕府の滅亡、建武政権の成立から崩壊、南北朝動乱の勃発と続いていくが、本書はこのような中で生き抜いてきた白河結城氏の変転をみようとしたものである。「忠臣」とか「逆臣」とかいうような、戦前に見られた天皇中心の観念的・イデオロギー的な視点で白河結城氏をみるのではなく、動乱の中で生き抜いた彼らの活動を素直に率直に述べただけである。ただ、白河結城氏の所領支配等に関する点は、史料の少なさなどからほとんど触れられなかった。

本書で述べた激動の時代に、南奥羽の地で所領支配を行ってきた下総結城氏の庶家である白河結城氏が、動乱以後の室町時代において南奥羽の雄となり、さらに戦国大名へと成長していくのだが、南北朝動乱時代は白河結城氏が以後に雄飛する基礎を築いた時期であったともいえよう。本書以後の室町・戦国時代に南奥羽の有力な戦国大名になっていく白河結城氏についてはいずれ検討しなければならないが、今回は論述することはしなかった。本書を通して、白河結城氏への興味だけでなく、奥羽の南北朝動乱について理解が深まれば幸いである。

最後になったが、本書がなせたのは『白河市史』五に負うところが大であった。白河市と同市史を編さんされた諸氏に感謝したい。また、戎光祥出版株式会社の石渡洋平氏には、図版・写真等の載録で御援助いただいた。感謝申し上げます。

二〇二四年三月一日

伊藤喜良

[補足]

本書は二〇〇四年三月に歴史春秋出版株式会社から出された『動乱の中の白河結城氏—宗広・親朝・親光—』（歴春福島文庫54）を原本としている。歴史春秋出版（株）は福島県会津若松市に存在する出版社で、「歴春福島文庫」は「子孫に残す福島の遺産」という崇高な目標をかかげて、主として福島県民向けに、福島県に関わるテーマで一〇〇冊（別冊一）を刊行した。『動乱の中の白河結城氏』はその中の一冊として出版させていただいたものである。

この書が出てから二十年となるが、戎光祥出版株式会社から再版したいとのありがたいお話があった。筆者の私としては『動乱の中の白河結城氏』には多少の誤りもあるので、よい機会だから訂正して出版したいと思い了承した。さらに、原本の『動乱の中の白河結城氏』は頁数も限られており、誤りだけでなく、説明不足も多々存在しており不満の残る著書として存在していた。

このような中、同社から増補・加筆できないかとの要望があり、本書は『動乱の中の白河結城氏』に大幅に増補・加筆したものである。本書は、原本の骨格から大幅には変わってはいない。本書の一章「歴史の表舞台に登場した白河結城氏」、二章「白河結城氏と建武政権」の内容は原本をあまり修正はしておらず、多少の誤りを正し、説明不足のところに加筆し、体裁を整えた程度である。三章「結城親朝と北畠親房」、終章「幕府投降後の白河結城氏」は原本に大幅な増補をくわえて加筆した。また本書は図版や写真等も多く加えた。なお、「はじめに」と「おわりに」の文章は多少修正したが、原本とあまり変えていない。文章表現は原本が主として県民向けであったので、やさしい書き方にした原本を踏襲した。

第三章を大幅に加筆・増補した結果、この章の主役は北畠親房のようになってしまった。結城親朝は彼の引き立て役のような感じである。しかし、親朝がここまで親房に対応できたのは、彼が南奥羽に大きな勢力を築いてきたからである。親房の後ろ盾として、南朝方であることの旗をあげ続けたことが、親房が足かけ五年にわたってがんばり続けられた要因の一つであると考えられる。そのようなことからいっても、親朝は常陸合戦の主役の一人であった。しかし、書簡を通して親房の考え方や、親房と親朝の関係はまだまだ読み切れないところも多く存在している。

以上が原本と本書に関わる点の補足であるが、大幅に加筆・修正・増補し、多くの図版等を加えたことにより、本書はオリジナルなものとなったと考えて、書名も『結城宗広・親朝』とした。

この二十年間の間に、白河結城氏の研究は進展した。村井章介編『中世東国武家文書の研究』が出版されたし、村井章介・戸谷穂高氏による『新訂白河家文書集成』が刊行された。ことに後者は白河文書関係の集大成であり、その決定版ともいえるものである。また『石川町史』も編纂された。

なお、多くの場所が自然のままに残されている白川城跡も国史跡に指定された。私も調査に関わったが、ここは白河結城氏の本拠地にふさわしい場所で、南北朝期から戦国時代にかけての貴重な文化財として、白河市や地域の人たちによって大切に保存がはかられている。さらに大震災に逢い、大きな被害を被った小峰城も復興した。東国・奥羽の「かなめ」である白河の地が文化の地として大いに発展することを願う。

【参考文献】

我妻健治『神皇正統記論考』吉川弘文館（一九八一）
市村高男「白河結城文書の形成と分散過程」『中世東国武家文書の研究』高志書院（二〇〇八）
伊藤喜良『南北朝の動乱』集英社（一九九二）
同『日本中世・の王権と権威』思文閣出版（一九九三）
同『中世国家と東国・奥羽』校倉書房（一九九九）
同『東国の南北朝動乱』吉川弘文館（二〇〇一）
同『後醍醐天皇と建武政権』吉川弘文館（二〇一二復刊、初刊新日本出版社一九九九）
同『動乱と王権―南北朝・室町時代―』高志書院（二〇二一）
遠藤　巌「奥州管領覚え書き」『歴史』四二輯（一九六九）
同「建武政権下の陸奥国府に関する一考察」『日本古代・中世の地方的展開』吉川弘文館（一九七三）
岡野友彦『北畠親房』ミネルヴァ書房（二〇〇九）
呉座勇一「白河結城文書の一揆契状」『中世東国武家文書の研究』高志書院（二〇〇八）
小林清治・大石直正『中世奥羽の世界』東京大学出版会（一九七八）
小松茂美編『男衾三郎絵詞　伊勢新名所絵歌合』中央公論社（一九九二）
佐藤進一『南北朝の動乱』中央公論社（一九六五）
同『室町幕府守護制度の研究』上　東京大学出版会（一九六七）
佐藤進一・笠松宏至・百瀬今朝雄編『中世政治社会思想』下　岩波書店（一九八一）

清水　亮　「在地領主の被官と南北朝内乱—陸奥国白河結城氏を中心に—」（『埼玉大学紀要教育学部』六三（一）二〇一四）
千葉徳爾　『狩猟伝承研究』　風間書房（一九六九）
冨倉徳次郎訳　『とはずがたり』　筑摩書房（一九六九）
永原慶二編　『日本の名著　慈円　北畠親房』　中央公論社（一九七一）
中村直勝　『北畠親房』　星野書店（一九三二）
同　『吉野朝史』　星野書店（一九三五）
日本歴史学会編　『演習古文書選』古代・中世編　吉川弘文館（一九七一）
丸井佳寿子他　『福島県の歴史』　山川出版社（一九九七）
宮次男・佐藤和彦編　『太平記絵巻』　河出書房新社（一九九二）
村井章介　「結城親朝と北畠親房」『中世東国武家文書の研究』　高志書院（二〇〇八）
村井章介・戸谷穂高　『新訂白河結城家文書集成』　高志書院（二〇二二）
山田邦明　『鎌倉府と関東—中世の政治秩序と在地社会—』　校倉書房（一九九五）
同　「白河結城氏と小峰氏」『東国武家文書の研究』　高志書院（二〇〇八）
結城宗広事跡顕彰会　『結城宗広』　厚徳書院（一九四一）
渡辺世祐　『関東中心足利時代の研究』　新人物往来社（一九七一復刊、初刊は雄山閣一九二六）
『茨城県史』中世編　茨城県（一九八六）
『福島県史』七　古代・中世資料　福島県（一九六六）

『福島県史』一　通史編　福島県（一九六九）
白河市教育委員会『白川城跡』（白河市埋蔵文化財調査報告書第七二集、二〇一六）
『白河市史』五　古代・中世　資料編2　白河市（一九九一）
『白河市史』一　原始・古代・中世　通史編1　白河市（二〇〇四）
『相馬市史』第一巻　通史編Ⅰ（二〇一三）
『相馬市史』第四巻　資料編Ⅰ（二〇一〇）
『石川町史』第三巻資料編1　石川町（二〇〇六）
『石川町史』第一巻通史編1　石川町（二〇一二）
『日野市史史料集』高幡不動胎内文書編　日野市（一九九三）
『日野市史』通史編二（上）日野市（一九九四）
『結城市史』第四巻　結城市（一九八〇）
『関城町史』資料編Ⅲ　関城町（一九八九）

【著者紹介】

伊藤喜良（いとう・きよし）

昭和 19 年（1944）、長野県生まれ。

昭和 49 年（1874）、東北大学文学研究科博士課程修了。

博士（文学）。

現在、福島大学名誉教授。

主な著書に、『日本中世の王権と権威』（思文閣出版）、『中世国家と東国·奥羽』（校倉書房）、『東国の南北朝動乱』『足利義持』『伊達一族の中世』『後醍醐天皇と建武政権』（吉川弘文館）、『伊達稙宗』（高志書院）など多数。

装丁：川本 要

中世武士選書　第51巻

結城宗広・親朝
――南北朝争乱に生き残りをかけた雄族の選択

二〇二四年六月一〇日　初版初刷発行

著　者　伊藤喜良
発行者　伊藤光祥
発行所　戎光祥出版株式会社
東京都千代田区麹町一―七
相互半蔵門ビル八階
電　話　〇三・五二七五・三三六一㈹
ＦＡＸ　〇三・五二七五・三三六五
編集協力　株式会社イズシエ・コーポレーション
印刷・製本　モリモト印刷株式会社

https://www.ebisukosyo.co.jp
info@ebisukosyo.co.jp

ISBN978-4-86403-529-3